LE MANAGEMENT DE LA PERFORMANCE DU TRAVAIL

Bonheur des règles et tyrannie des valeurs

Collection « L'esprit économique »

fondée par Sophie Boutillier et Dimitri Uzunidis en 1996
dirigée par Sophie Boutillier, Blandine Laperche, Dimitri Uzunidis

Si l'apparence des choses se confondait avec leur réalité, toute réflexion, toute Science, toute recherche serait superflue. La collection « L'esprit économique » soulève le débat, textes et images à l'appui, sur la face cachée économique des faits sociaux : rapports de pouvoir, de production et d'échange, innovations organisationnelles, technologiques et financières, espaces globaux et microéconomiques de valorisation et de profit, pensées critiques et novatrices sur le monde en mouvement...
Ces ouvrages s'adressent aux étudiants, aux enseignants, aux chercheurs en sciences économiques, politiques, sociales, juridiques et de gestion, ainsi qu'aux experts d'entreprise et d'administration des institutions.

La collection est divisée en cinq séries : *Economie et Innovation*, *Le Monde en Questions*, *Krisis*, *Clichés* et *Cours Principaux*.

Dans la série *Economie et Innovation* sont publiés des ouvrages d'économie industrielle, financière et du travail et de sociologie économique qui mettent l'accent sur les transformations économiques et sociales suite à l'introduction de nouvelles techniques et méthodes de production. L'innovation se confond avec la nouveauté marchande et touche le cœur même des rapports sociaux et de leurs représentations institutionnelles.

Dans la série *Le Monde en Questions* sont publiés des ouvrages d'économie politique traitant des problèmes internationaux. Les économies nationales, le développement, les espaces élargis, ainsi que l'étude des ressorts fondamentaux de l'économie mondiale sont les sujets de prédilection dans le choix des publications.

La série *Krisis* a été créée pour faciliter la lecture historique des problèmes économiques et sociaux d'aujourd'hui liés aux métamorphoses de l'organisation industrielle et du travail. Elle comprend la réédition d'ouvrages anciens, de compilations de textes autour des mêmes questions et des ouvrages d'histoire de la pensée et des faits économiques.

La série *Clichés* a été créée pour fixer les impressions du monde économique. Les ouvrages contiennent photos et texte pour faire ressortir les caractéristiques d'une situation donnée. Le premier thème directeur est : mémoire et actualité du travail et de l'industrie ; le second : histoire et impacts économiques et sociaux des innovations.

La série *Cours Principaux* comprend des ouvrages simples, fondamentaux et/ou spécialisés qui s'adressent aux étudiants en licence et en master en économie, sociologie, droit, et gestion. Son principe de base est l'application du vieil adage chinois : « le plus long voyage commence par le premier pas ».

Michel ROCCA

LE MANAGEMENT DE LA PERFORMANCE DU TRAVAIL

Bonheur des règles et tyrannie des valeurs

L'Harmattan

5-7, rue de l'École-Polytechnique ; 75005 Paris

http://www.librairieharmattan.com
diffusion.harmattan@wanadoo.fr
harmattan1@wanadoo.fr

ISBN : 978-2-296-06929-9
EAN : 9782296069299

INTRODUCTION

La performance du travail est une préoccupation à la fois très ancienne mais peu développée au sein de l'économie politique. Dès 1833, Ch. Babbage l'explique par la division du travail mais c'est A. Smith dans « Recherches sur la nature et les causes de la richesse des nations » qui offre une première formulation économique de cette question : « *Les plus grandes améliorations dans la puissance productive du travail, et la plus grande partie de l'habileté, de l'adresse, de l'intelligence avec laquelle il est dirigé ou appliqué, sont dues, à ce qui semble, à la division du travail [...] dans chaque art, la division du travail aussi loin qu'elle puisse être portée, amène un accroissement proportionnel de la puissance productive du travail* ».

Ce n'est pourtant qu'avec l'étude approfondie des applications de la doctrine de Taylor que la performance du travail acquiert une place véritable dans la pensée économique [Mouttet, 1992] en mêlant une théorie des organisations et une lecture d'économiste. La performance du travail sanctionne le résultat obtenu par deux opérations jointes : une rationalisation du « dessin organisationnel » [Williamson, 1993] et une coordination des actions des unités élémentaires impliquées, c'est-à-dire, « *des procédures qui rendent compatibles leurs plans ou qui obligent à les modifier* » [Ménard, 1997]. La performance du travail est donc le résultat d'une mise en cohérence d'une organisation de la production (division) et d'un agencement des actions (coordination) des individus qu'elle implique.

L'analyse économique de la performance du travail n'est cependant que peu explorée explicitement dans la théorie économique, que cette dernière réponde d'ailleurs à une axiomatique orthodoxe ou non. Du côté de l'économie orthodoxe, l'approche est simplifiée mais surtout périphérique. Le dispositif théorique chargé d'en rendre compte résume la performance du travail à une relation d'efficacité, en considérant que la fonction de production [Q= f (K,L)] se définit comme l'ensemble des combinaisons efficaces de travail (L) et de capital (K) permettant la production d'un bien donné (Q). La représentation de l'efficacité – la forme néo-classique de la performance – est ainsi celle d'un rapport entre le volume de production et une quantité de travail, mesurée en temps. Une combinaison particulière (Q, K, L) est dite « efficace » si pour des valeurs K et L données, Q correspond à la production maximale possible (Stankiewicz, 2002). L'efficacité est analysée au travers de la productivité du travail définie ex-ante et entendue comme capacité d'agir sur le volume de la production. La théorie standard élargie (théorie de l'agence par exemple) modifie l'approche en privilégiant une conception de la productivité constatée *ex post*. L'apport du facteur travail – sa productivité marginale – s'évalue, en fait, sur le marché du travail, et la fixation de la rémunération s'explique par des interactions d'offres et de demandes, et cela indépendamment des formes organisationnelles de la production développées et des variétés de stratégies des firmes. Dès lors, l'évaluation de la performance devient « *une intéressante question secondaire, sans plus* » (Gazier, 1992).

Pour leur part, les auteurs non orthodoxes font de la performance du travail un réel sujet d'intérêt dès le milieu des années 1980. Ils interrogent cette catégorie économique en instituant d'emblée une partition. Le versant de la division du travail est assez vite délaissé [Arena, 1990]. L'approche évolutionniste de la firme (Dosi, Teece et Winter 1990) et l'étude des nouveaux modes de coordination des activités productives (nouvelles configurations productives intra et inter-firmes [Hakansson et Johanson, (1993)]) signalent, certes, la contribution du travail (les logiques d'apprentissage) à la performance économique globale. Rares sont toutefois les travaux d'économie industrielle qui se consacrent explicitement aux relations entre les nouvelles structures industrielles et les modes de gestion du travail [Baudry, (1995), Orlean (ed.), (1994), Aoki, (1988)].

Les principes de coordination, c'est-à-dire les *règles* [Shimanoff, 1980] nécessaires à la performance du travail, constituent, en définitive, l'objet d'étude principal des recherches contemporaines consacrées à la performance du travail.

Deux traditions d'interprétation de ces règles se distinguent dans la littérature contemporaine [Jacot et Troussier (dir.), 1992]: les approches des économistes du travail, d'une part, et les théories organisationnelles d'essence gestionnaire, d'autre part.

En réaction à l'approche standard de l'allocation optimale des ressources, la première tradition insiste sur la nécessité de compléter la relation salariale par des codifications. En simplifiant quelque peu, la démonstration est double : le salaire joue certes un rôle d'incitation à la performance du travail (surveillance, théorie du salaire d'efficience, tournoi), mais des règles complémentaires sont indispensables pour stabiliser la relation d'emploi. L'approche en termes de « convention salariale » naît de cette nécessité de « compléter » [Reynaud (1986, 1992), Garnier, (1986)]. La coordination se joue donc entre deux acteurs liés par une subordination et repose sur un système de règles autour de la détermination du salaire et de son évolution. La performance du travail se trouve par suite, en grande partie, résumée par la relation travail/salaire : élément incitatif majeur, le salaire est supposé, moyennant des arrangements institutionnels, impliquer l'effort productif du travail, toutes choses égales par ailleurs[1]. Hormis dans la thèse de Salais et Storper (1993), l'influence des schémas organisationnels n'interfère que marginalement. Plus encore, les incitations « qualitatives » d'Aoki (1984), et notamment l'attachement à l'organisation, n'entrent pas en ligne de compte.

La seconde tradition aborde la question sous un angle très différent. Dans la lignée des travaux de Simon (1951) puis d'Alchian et Demsetz (1972), le contrôle organisationnel de la performance du travail constitue le principe de coordination. Plus exactement, la coordination est plutôt obtenue par la délégation de l'autorité à l'employeur. Si la division du travail n'est pas beaucoup plus présente que dans la première

---

1 B. Gazier relève d'ailleurs l'importance des questions laissées de côté par le programme de recherche de l'économie du travail. « *Tout ce qui concerne l'efficience, et notamment les liens entre hiérarchie et évolution des salaires, conditions et organisation du travail, et performances productives des travailleurs comme de l'entreprise est court-circuitée* » (1992, p 245).

tradition, c'est surtout la déclinaison d'objectifs de performance de l'entreprise (efficience, efficacité, pertinence) « sur » le travail, qui constitue l'objet d'interrogation et c'est l'autorité qui est le mécanisme de coordination (Baudry et Tinel, 2003). En définitive, le contrôle du travail est central comme le montrent les travaux de Burawoy (1979) ou Ouchi et Maguire (1975) sur la notion de contrôle de la performance ou encore ceux de Edwards (1986) qui, pour sa part, définit les « *formes structurelles de contrôle* » et leurs mécanismes concrets (direction, évaluation, sanction).

Ces deux traditions installent un cadre d'interprétation des règles de la performance du travail mais également deux lectures principales qui se font face. La première lecture, plutôt positive, s'intéresse aux modèles d'action et à la nature des compromis qui fondent le dispositif de coordination des acteurs de la convention fordienne. Les « *normes de coopération* » travaillées par Boltansky et Chiapello (1999), Eymard-Duvernay (1994) ou Bessy et alii (2002) participent de cette lecture. Les règles résultent, dans ce cas, de la construction d'une relation, plus ou moins explicitée, entre acteurs de la performance. La coordination s'obtient par l'établissement de conventions qui ont un pouvoir d'harmonisation des comportements des individus, en vue d'obtenir leur homogénéisation [Favereau (1986), pp 260 et 261]. Dit plus simplement, ce type de « convention » (ou « *règles conventionnelles* ») démultiplie, assure la viabilité et limite l'exercice du principe d'Autorité (contrat par lequel le salarié reconnaît à l'employeur le droit de lui donner des ordres) : les « *règles coutumières* » décrites par Piore et Doeringer (1971) régulent, par exemple, directement les comportements du salarié et de l'employeur. Ces règles ne sont pas de l'ordre du règlement mais ont une capacité de coordination des décisions (dans un processus qui se substitue au fonctionnement de marchés).

La seconde lecture, plus normative, repère et évalue les principes de management mis en œuvre en vue d'obtenir une performance économique (Edwards, 1986). Les règles relèvent, dans ce cas, de l'exercice d'un principe d'autorité, au sens de Simon, porté par l'employeur. La coordination s'obtient par l'exercice de l'autorité qui « *institutionnalise un pouvoir hiérarchique* » et ses « *règles-règlement* » jointes [Baudry (1998), p 82] : c'est le contrôle exercé sur les individus, dont les capacités d'action sont peu prises en compte, qui « fait » la performance.

Cette dualité des lectures (coordination par l'établissement de conventions *versus* coordination par l'autorité-hiérarchie-réglements) s'explique, pour partie, par la césure disciplinaire entre l'économie et la gestion [March et Simon (1979), Mintzberg (1982), Ménard, (1997), Bartoli et Rocca, (2002)]. D'un côté, les acteurs « s'arrangent », de l'autre, l'employeur imagine des dispositifs qui limitent des aléas en vue de maximiser ses gains. Cette analyse de la performance du travail conduit à une véritable dissociation entre ces deux faces constitutives :

- Face 1 : la façon dont l'entreprise, insérée à des jeux inter-organisationnels et confrontée aux évolutions des marchés[1], parvient à déterminer les finalités qu'elle assigne au travail [1] … ET …
- Face 2 : … met en oeuvre des moyens pour y parvenir dans la durée [2]. Repliée sur la seconde face, l'analyse des règles en matière de performance du travail est réduite à une alternative quant à l'explication des moyens : soit, de manière plutôt cognitiviste (les « dispositifs cognitifs collectifs », par exemple) ou plutôt contractualiste, les règles sont pensées comme des harmonisateurs des comportements, ou d'anticipations [selon la définition « à deux extrémités » de la convention que propose Favereau (1986), Cf Encadré ci-dessous], soit, de manière plus

---

1 S'intéressant à la variété des structurations des relations entre le travail et la performance à l'issue de la période fordiste, les travaux de Salais et Storper tentent, par exemple, de baliser les liens qu'entretiennent les modes d'organisation du travail et la nature de la demande adressée à la firme (en y incluant une caractérisation des « conventions de travail »). Les analyses en termes de « *mondes de production* » constituent la formulation la plus connue de ces liens. En privilégiant une perspective de comparaisons inter-firmes et de typologies, ces analyses montrent que les relations entre le travail et la production ne peuvent être comprises selon un modèle univoque et immédiatement abstrait. Par suite, la performance du travail ne peut se réduire à une relation simple, c'est à dire balisée par des règles communément admises par les deux parties (le détenteur du travail et l'entreprise), quelles qu'elles soient et où qu'elles soient. On peut formuler l'hypothèse selon laquelle c'est une relative variété de règles ou de conventions qui permet l'obtention de la performance du travail.

technique et intentionnelle, les règles sont de l'ordre des règlements, parfois des incitations fortes, qui « alignent » les actes, contrôlent et sanctionnent les déviances. Dans les deux cas, les finalités assignées au travail et son efficacité économique attendue sont hors du paysage d'analyse. Plus exactement, elles sont ou absentes (l'approche conventionnelle) ou ramenées à un point de départ éthéré pour le management : « l'entrepreneur » a un objectif de profit économique et le manager, « *expert producteur de règles* », installe des « *types organisationnels* » et « *leurs coordinations jointes* » pour parvenir à cet objectif (Mintzberg, 1982).

Les principales définitions de la notion de « Convention »

(A partir du texte d'O. Favereau de 1986)

En économie, seules les théories des incitations et plus généralement des procédures de choix collectifs, tentent d'apporter une réponse à la question de la coordination des comportements par d'autres moyens que ceux du marché. Or, les « règles » et les « conventions » ont un pouvoir coordinateur des actions. Une règle est, selon Shimanoff (1980), « *une prescription à laquelle il est possible de se conformer, et qui indique quel comportement est requis ou préféré ou prohibé dans des contextes déterminés* ». La notion de « convention » est une spécification particulière de la notion de règle, lorsque l'accent est mis sur le caractère spontané de la genèse de ce type de règle (Lewis, 1969), c'est-à-dire sur l'impossibilité d'isoler une décision consciemment fondatrice de la « règle ». Parfois, l'accent est mis sur le caractère plus ou moins contraignant de la conformité à la règle (sanctions,...).

La convention est donc, selon la définition O. Favereau, « une modalité renouvelable (dans le temps) et généralisable (à d'autres agents), d'harmonisation, directe (*Convention 2*) ou indirecte (*Convention 1*) des comportements individuels sans origine marchande ni origine intentionnelle ».

Dans la suite du texte, nous utilisons couramment les définitions suivantes :

« Convention 1 » : *Adjuvant* au fonctionnement du marché, elle a un pouvoir harmonisateur des *anticipations.* Pôle « représentations sociales » des conventions, elle coordonne non pas les décisions elles-mêmes (car, dans certains cas, c'est impossible), mais les représentations sur la base desquelles sont prises les décisions.

« Convention 2 » : *Substitut* au fonctionnement du marché, elle a un pouvoir d'harmonisation des *comportements.* Pôle « traditions locales » des conventions, elle coordonne les décisions elles-mêmes.

L'objectif de ce texte est de proposer une analyse théorique de la performance du travail en tentant de relier les deux faces constitutives précédemment définies : les finalités assignées au travail [face 1] qui nécessitent des moyens pour les obtenir [face 2]. Comme le rappelle très justement Hatchuel (1994), les moyens n'ont de sens qu'en fonction des problèmes d'efficacité qu'ils tentent de solutionner et c'est donc « *des schémas de rationalisation toujours renouvelés, et dont il faut explorer la nature, [...] qui répondent à une crise ou construisent une logique de progrès, stimulent des processus d'apprentissage dont l'aboutissement se manifeste par un mode de production de règles et de figures d'acteurs différenciés* ».

L'analyse des règles s'interroge donc sur leur nécessité dans l'obtention d'une performance du travail et sur leur capacité à solutionner des problèmes précis dans des contextes donnés : ici, les finalités assignées au travail dans un contexte de recherche d'efficacité pour l'entreprise. En ce sens, les règles sont abordées sous l'angle de leur fonctionnalité. En empruntant à la démarche de B. Reynaud (2004) qu'elle qualifie « d'analyse empirique », il s'agit d'approcher le mode de construction des règles, leur formulation mais surtout leur capacité « *d'enracinement au monde social* » qui donne leur sens aux règles : ce dernier dépend, en grande partie, de l'usage qui en est fait par des acteurs différents dans des contextes variés qu'il s'agit d'observer (Serverin, 2000).

Deux approches économiques de la coordination peuvent, malgré des hypothèses et des objectifs qui leurs sont propres (la théorisation de la firme, le plus souvent), constituer des lignes de repère pour conduire cette analyse des règles « *par l'usage* » (Reynaud, 2004) : le modèle de coordination plutôt « contractualiste » (les acteurs cherchent à s'accorder le plus explicitement possible) et celui de coordinations davantage basées sur « une régulation conjointe » ou un jeu de « conventions » (les acteurs « passent » des compromis parfois à très faible degré d'explicitation). Les situations de travail analysées dans ce texte montrent des configurations qui ont tendance à emprunter à ces deux conceptions polaires de la coordination.

Le texte explicite ces configurations de la coordination en matière de performance du travail en avançant une double idée.

1. Les dispositifs concrets qui règlent la performance du travail, articulent, plus qu'ils n'opposent, des logiques contractuelles, dont l'allure se rapproche quelquefois des formes décrites par le modèle de l'agence[1], à des logiques conventionnalistes, essentiellement des conventions de type 1 « représentations sociales » telles que Favereau (1986), en référence à Moscovici, les définit.

Les logiques contractuelles sont plutôt mises en avant dès lors qu'il s'agit de formaliser des finalités assignées au travail [face 1], les logiques conventionnelles[2] s'avèrent

---

1 Pouvant s'appliquer à la structuration des relations entre les acteurs de la performance, les différentes versions des théories de l'agence tentent de codifier les relations entre un principal (l'actionnaire) et un agent (le dirigeant) dont les intérêts sont peu compatibles *a priori* et les dotations d'informations asymétriques. De façon simplifiée, on peut distinguer deux modèles. Le premier situe l'actionnaire à distance de l'entreprise en lui reconnaissant peu de moyens de contrôle sur celle-ci : l'actionnariat dispersé et l'entreprise managériale constituent les formes de ce modèle d'agence (Berle, Means, 1932). Le second prévoit à l'inverse un contrôle rapproché de l'actionnaire sur le dirigeant ce qui pose les questions du contrôle et des formes de la *corporate governance* dans le modèle de Jensen et Meckling (1976). Cette typologie binaire des modalités de contrôle du travail, en vue de l'obtention d'une efficacité, peut constituer un guide pour penser les relations qui s'établissent entre le travail et ses performances.

2 Les approches institutionnalites de la relation salariale constituent

indispensables et déterminantes dès lors qu'il s'agit de mobiliser le travail en vue d'obtenir une performance [face 2]. Ces logiques conventionnelles permettent, en fait, à des énoncés prescriptifs stricts [par exemple, la dimension « *étalon* » de la règle selon Reynaud (1992)] de trouver écho dans « *un contexte commun* » Hatchuel et Weil (1992), c'est-à-dire une représentation du contexte d'action acceptable pour chaque acteur du fait des savoirs dont il dispose pour le comprendre. L'efficacité de la coordination est envisagée dans un système où les deux logiques doivent se faire écho : une règle de contenu et une construction d'un champ ou, dans le vocabulaire institutionnaliste, d'un « *modèle d'évaluation* ». Ce modèle est un objet supérieur aux règles, d'un ordre distinct, qui permet, par des représentations, d'encadrer le processus d'interprétation [Miller (1990), Gilbert (1992), Searle, (1995)].

En définitive, la construction de la performance du travail est structurée par deux familles de règles, indispensables les unes aux autres : (i) des énoncés d'objectifs analysables en termes de conventions cherchant à obtenir une harmonisation des décisions et des comportements (type 2, Favereau) mais relevant, le plus souvent, de l'ordre des règles ; (ii) et un jeu de représentations sociales et de valeurs qui est censé permettre à ces énoncés de se réaliser.

C'est donc une application plus « interprétative » ou « explicative » (Bessy, 2003) de l'économie des conventions qui permet ici l'interprétation en insistant sur la formation de la croyance des individus : tout se passe comme si des énoncés assez codifiés (règles ou conventions à fort degré d'explicitation) avaient besoin, comme complément, d'un

---

les approches les plus propices pour conduire une analyse « conventionnelle » des règles de la performance du travail dans le nouveau modèle productif. Les travaux développés par les économistes des Conventions (O. Favereau, R. Salais, L. Boltanski et L. Thévenot, F. Eymard-Duvernay), et par l'approche de la Régulation (R. Boyer et A. Orléan, B. Reynaud) sont, ici, particulièrement mobilisables. Pour un travail de synthèse de ces approches et de leurs apports à l'analyse des conventions voir Bessy C. (2003) *Conventions et institutions de travail*, Rapport de recherche, CEE, Paris.

« modèle d'évaluation » global (dans l'entreprise, une culture qui véhicule des valeurs) pour que les décisions des acteurs puissent converger (Lewis, 1969). Dans ce cadre, les conceptions premières du courant français de l'économie des conventions semblent difficiles à mobiliser. La formalisation initiale des conventions 1 et 2 en termes de « *pôles extrêmes* », irréductibles même si constitutives d'un « *spectre* » de possibles, a tendance à partitionner les deux types de conventions et, en définitive, à réduire la convention à une logique cognitive de l'individu face au monde général des règles [approche organisationnelle *versus* approche anticipationnelle - Favereau (1986), p 264]. La formalisation ultérieure en termes de « *règles particulières* » et de « *méta-règles* » [ou « méta-informations », Favereau, (1997)] qui permet à l'individu de choisir, ne fait que repousser, sans l'expliquer, le problème du choix sur le méta (Batifoulier, 2001). En fait, l'articulation des deux registres de conventions est peu explorée.

2. Dans cette articulation, les logiques contractuelles – manifestées, par exemple, par des documents de gestion extrêmement sophistiqués, des fiches d'objectifs et un discours managérial très installé – restent toutefois mineures dans leurs contributions à la coordination des acteurs.

Cela tient au fait que la performance du travail, assez peu vérifiée dans la logique exécutoire d'un contrat entre acteurs (théorie de l'agence), tend à être basée, non pas sur des objectifs précisés et limités, mais sur, ce que nous qualifions dès 2001, comme « *une réquisition des compétences* » des salariés. L'implication de la subjectivité de l'individu est le principal facteur de performance : elle rend possible le travail tout en assumant une très large part de la coordination des actions. En termes de règles, ce sont donc des Conventions de type 1 (pouvoir d'harmonisation des anticipations), telles que les valeurs communes, qui détiennent un rôle majeur sur le plan de la coordination de la performance du travail. Pour obtenir une implication concrète du travail, des Conventions de type 2 sont certes nécessaires : elles sont élaborées en vue de garantir l'existence et, le fonctionnement de l'organisation, et, notamment, une organisation du travail par « groupe ». Par incitation et organisation explicites à la fois, ces deux types de conventions sont donc censés obtenir l'implication de l'individu. Mais l'articulation des deux types de conventions donne une place prépondérante au « *modèle d'évaluation* » (convention de type 1) qui se trouve chargé de la coordination des anticipations, mais également de l'incitation à la performance.

En vue de présenter ces deux idées, le texte est construit selon une structure de progression dans la compréhension des mécanismes d'élaboration et de fonctionnement de la performance des organisations. Le premier chapitre reprend une question fondatrice de la « science des organisations » dont parle Williamson (1993) : comment l'organisation définit-elle la performance du travail ? [face 1 énoncée ci-dessus]. Les principales caractéristiques du nouveau contexte organisationnel sont analysées en vue d'expliciter les dispositifs concrets de recherches de performance en vigueur. Ces derniers s'interprètent mal en termes de « convention fordienne » de performance (Boyer et Orléan, 1991). Ils complexifient et refondent à la fois les finalités assignées au travail. Dans ce contexte, les modalités de construction de la performance du travail sont explicitées. L'accent est mis sur la place que prennent, à côté des critères de gestion énoncés par l'entreprise, les valeurs de l'organisation comme principes de coordination.

Une première ligne d'interprétation de l'articulation des conventions de type 2 [qui, en matière de performance, s'approchent parfois de règles-étalon ou des « règles-règlement » des juristes] et des conventions de type 1 est ainsi proposée. La performance du travail est conçue selon deux modes distincts dont la cohérence n'est pas, a priori, établie : des critères et un balisage – i.e. un ensemble de signaux disposés pour signaler des dangers à éviter et indiquer des routes possibles – une expression managériale des enjeux généraux que doit impérativement poursuivre une organisation efficace.

Les deux chapitres suivants s'attachent à la compréhension des moyens à mobiliser pour parvenir à ce que cette performance se réalise et dure [face 2 énoncée ci-dessus] : comment fait l'organisation pour coordonner les actions et inciter à la performance ? Chacun d'eux s'intéresse à une facette particulière de la performance du travail. Le deuxième chapitre propose une lecture du management de la performance du travail en montrant qu'il tend à se limiter à une suggestion : concevoir et gérer le travail collectivement. Le troisième chapitre s'intéresse, plus particulièrement, à l'évaluation de la performance du travail. Il montre qu'à défaut de capacités à la mesurer, la performance est le plus souvent estimée en termes d'implication des individus.

L'examen de ces deux dimensions de la performance du travail conforte l'idée centrale proposée par ce texte. La « *réquisition des compétences* » est l'élément essentiel de réalisation de la performance du travail très qualifié. Au-delà de ses manifestations organisationnelles tangibles – abordées dans les trois chapitres – cette réquisition est, en effet, supposée permettre une mise en cohérence d'une organisation de la production et d'une coordination des acteurs impliqués. Elle se présente, plus précisément, comme un mode conjoint d'organisation et de coordination du travail, en retour elle déplace la pratique de l'évaluation sur l'individu. La performance du travail se dévoile donc plus précisément dans ces mécanismes : un développement de « valeurs communes » incite les acteurs à la performance ; un pendant organisationnel basé sur une gestion collectivisée du travail facilite la mobilisation des compétences.

Si des modes plus traditionnels de coordination – des incitations financières et des sanctions notamment – sont également nécessaires, « l'implication » au travail (selon le terme de M. Thévenet) est basée sur une construction très simple qui permet d'obtenir, à la fois, la mise « concrète » au travail, les coopérations productives et les apprentissages collectifs. Nous qualifions cette construction à fonctions multiples de *« groupe-agrégat »*. Ce type de groupe se situe à mi-chemin entre une « *communauté intensive en connaissance* » [« *constituée d'agents qui interagissent fréquemment entre eux, par le biais d'un architecture de communication non hiérarchique* » (Cowan, David et Foray, 2000) et qui mettent en avant, selon Wenger (1998) trois principes : une forme d'engagement mutuel, un projet commun, et un répertoire partagé] et une « équipe-projet ou « *autonomous team structure*» où le rôle hiérarchique du « chef de projet » est fort [Clark et Wheelwright (1992), Midler (1996)]. Le *groupe-agrégat* est, en pratique, plus construit et plus tourné vers une performance directe que la communauté – notamment la communauté épistémique – mais moins hiérarchique que le groupe organisé dans une démarche projet. Moyen d'organisation et d'incitation à la fois, il tente d'obtenir une coopération des acteurs et une gestion des connaissances en s'appuyant sur une série de conventions (type 2) qui agissent directement sur les comportements productifs des salariés.

Ces trois chapitres ont un souci d'explicitation du fonctionnement des règles. Ils procèdent en élaborant des « faits stylisés » à partir des résultats de plusieurs recherches menées depuis 1999 sur le thème de la performance du travail (et présentées en détail ailleurs[1]). Trois principales dimensions de la performance du travail sont passées en revue afin de mener cette analyse par « l'usage » des règles : sa construction, sa gestion et son évaluation. Cette analyse s'appuie sur des enquêtes approfondies réalisées en 2002 et 2003 dans deux entreprises. En reprenant les postulats de Newell et Simon (1972), une méthodologie de recueil des « analyses des acteurs et d'observation rapprochée » des situations de travail est déployée[2]. Si l'annexe détaille cette méthodologie, l'encadré suivant reprend les points de méthode les plus importants.

Repères méthodologiques

* Cette recherche s'appuie sur une observation approfondie de deux situations d'entreprises réalisée au début des années 2000 : un établissement d'une entreprise multinationale de la micro-électronique (établissement situé en Rhône-Alpes, effectifs supérieurs à 2000 personnes et composés à 70 % d'ingénieurs et cadres) ; une société de conseil en management de 350 personnes installée à Paris La Défense.

1 Rocca M. (2001) *Recherches d'efficacité et charge de travail* ANACT, Mai, (en coll. avec Bartoli et Davezies). Rocca M. (2002) Gestion par objectifs et réquisition de compétences : vers de nouvelles sources d'intensification du travail ? dans Askénazy, Carton, De Conninck et Gollac (dir.) *Organisation, intensité du travail et qualité du travail*, Ed. Octares, 2004, (en coll. avec Bartoli). Rocca M. (2002) Travail et performance : quelle maîtrise d'un travail mis sous tension ? Programme « *Transformation du travail, performance économique et statut de l'emploi* » [dir. F. Gaudu] Ministère de la Recherche, novembre (en coll. avec Bartoli, Clot, Davezies, Escande-Varniol, Paulin et Triomphe) (312 pages).

2 L'Annexe expose en détail les aspects méthodologiques de cette recherche.

* Faisant référence à une rationalité procédurale à la H. Simon, il s'agit de d'avoir une appréhension empirique et « *réaliste* » des règles (Eymard-Duvernay et Marchal, 1997). Cette dernière nécessite d'interroger, par un « *accès direct* », les acteurs sur leurs agissements dans des contextes donnés, ou face à des problèmes ou des situations de travail. Comme le montre Bessy (2003), cela suppose de mettre en place des dispositifs d'observation qui « *permettent de suivre les acteurs au quotidien pour repérer les échecs de coordination, les ajustements par rapport à des règles codifiées, mais aussi des régularités qui ne s'expliquent pas toutes par le suivi d'une règle de façon consciente* » (p 44). Le chercheur a, de fait, une part d'interprétation des résultats dans la mesure où il participe, dans l'investigation et dans le traitement des données, à faire émerger les institutions, règles et conventions du travail.

Les enquêtes se sont donc déroulées selon une méthodologie spécifique visant à satisfaire deux objectifs : analyser de manière transparente et explicite les questions de performance dans l'entreprise (c'est-à-dire dépasser l'énoncé strictement managérial de ces questions) ; avoir accès à l'ensemble des points de vue sur cette thématique (recours à des démarches participatives et d'auto-confrontation des points de vue).

* Dans ce cadre, une méthode générale d'investigation (1), un guide d'entretien (2) et une cible [le travail très qualifié] ont été définis.
1. Les démarches d'intervention sont négociées avec l'entreprise qui a connaissance des conditions d'intervention du chercheur et de la nature des thèmes abordés mais également des résultats du travail d'entretiens et de la recherche. Cette dernière reste sous la totale et exclusive responsabilité du chercheur.
2. Les entretiens concernent chacun des acteurs de la performance (par des entretiens collectifs – confrontation collective – et individuels, chacun des maillons de la chaîne productive est interviewé – un échantillon est constitué) ; un même guide – concernant les indicateurs, le management, le suivi et l'évaluation de la performance – est pratiqué. Cf. Annexe.

3. Des activités « post-industrielles » et des « cibles » spécifiques en matière de travail ont été précisées.

Deux critères ont été appliqués.

Premier critère : l'observation se limite à des activités de production qui réclament une large part de travail parfois dit « créatif », c'est-à-dire ayant des dimensions « servicielles » très marquées, réclamant des niveaux de formation initiale et de qualification élevés et un exercice relativement autonome de l'acte de travail. En définitive, « le type de travail » généralement supposé caractéristique de la société post-industrielle en construction. Ceci explique le choix des activités de conseil d'une part, et de recherche-développement dans l'industrie de la microélectronique, d'autre part. *Ce travail est défini ici, de manière exploratoire, comme « le travail très qualifié ».*

Second critère : il a semblé utile de cerner des champs précis d'examen de ce « type » de travail. Dans le cas de l'entreprise de conseil, le métier de consultant a été choisi comme cible principale. Dans le cas de la recherche-développement, les ingénieurs responsables de projets (c'est-à-dire d'équipes engagées dans des processus d'innovation) ont été choisis comme cible principale.

Un enseignement principal est progressivement construit par cette observation approfondie des questions posées par la réalisation d'une performance du travail. Si la performance économique est globalement corrélée aux qualités du facteur travail[1], une construction de coordination entre acteurs reste un

---

1 On fait ici référence aux travaux fondateurs de J.C. Eicher mais également aux travaux sur les effets de l'éducation sur le développement de l'activité économique (Page, 1964) et sur les approches en termes de capital humain [Levy-Garboua et Jarousse, (1988), Bouabdallah, (1992)]. Au départ, la question est simple: l'investissement éducation (incorporé au travail) a-t-il des effets sur la performance économique? L'empilement de travaux, à l'origine strictement micro-économiques, produit deux certitudes: l'effet de l'éducation sur la performance est positif, significatif mais non exclusif (Verdier et Podevin, 1989); cet effet ne peut être saisi sans l'intégration de la double influence des fonctionnements du marché du travail (classifications, liens salaires-qualifications, ...) et de la dynamique industrielle (cohérence sectorielle, filières, ...) qui

acte indispensable au fonctionnement performant du schéma organisationnel. En d'autres termes, la coordination n'est ni naturelle, ni le parent pauvre à côté de la division du travail qui serait essentielle. Dans ce nouveau schéma organisationnel, les règles en matière de performance du travail se modifient pourtant dans leur spécification : s'éloignant d'un schéma fordiste très marqué par la prescription, elles sont davantage de l'ordre des *valeurs* que de celui des *règlements explicites*, qui iraient de soi et auxquels tout le monde se plierait sans réfléchir, ou des *contrats* qui feraient, explicitement et en détail, état d'accords optimisant les intentionnalités de chacun (Salais, 1986). La coordination de la performance du travail trouve son efficacité dans une construction de croyances collectives et de « *contextes communs* » (Hatchuel, 1994) qui complètent, en les rendant possibles, les mécanismes plus habituels de la mobilisation du travail qu'étudient les nouvelles théories de l'entreprise (l'autorité, la hiérarchie, le contrôle, les contrats, les incitations). Par nature incomplets et parfois généraux ou vagues, ces contextes font nécessairement appel à l'implication de l'individu pour qu'une performance se déploie et perdure.

En conclusion, quelques effets de ce nouveau schéma organisationnel sur le travail sont abordés, en montrant les prolongements de questions que cette analyse économique de la performance peut susciter. Paradoxe, la performance du travail s'avère, en définitive, d'autant plus normative des comportements productifs, mais aussi de la vie des salariés, qu'elle se définit de manière peu explicite, que ce soit par des procédures de travail ou des résultats attendus du travail. Les coordinations observées pour le travail qualifié se présentent davantage comme des contextes d'exercice du travail et des valeurs à promouvoir que l'individu doit être en capacité d'interpréter et d'assumer. Comme le montrent les résultats des dernières livraisons des enquêtes de la DARES, ces contextes, réclamant davantage d'autonomie et de responsabilité, prennent également une place croissante pour d'autres catégories de travail qui sont, il est vrai, encore fortement

---

conditionnent l'obtention de la performance économique dans la durée.

assujetties à des coordinations basées sur un énoncé de procédures et d'objectifs à atteindre (des règlements et une hiérarchie). Ce sont donc les exigences sur le travail humain qui se trouvent renforcées, en particulier si la tendance à « la coordination par les valeurs » n'est pas complétée par des procédures explicites de travail et sévèrement encadrée, y compris par des normes légales de gestion du travail. A défaut, des « dérives » du modèle de la performance du travail appuyée sur une réquisition de compétences mettent en danger l'individu, et en particulier ses équilibres.

CHAPITRE I
LA CONCEPTION DE LA PERFORMANCE : UNE CONSTRUCTION INACHEVEE

Premier enseignement tiré des enquêtes : il est vain de rechercher l'existence d'un véritable système d'organisation stable et formalisé de la performance que l'entreprise attend du travail en inspectant les documents de gestion ou en interrogeant méticuleusement les directions d'entreprise et les managers. Ce type de système complet n'existe pas ou, en tout cas, il n'a pas l'allure que la convention fordiste lui prêtait (Cf. les travaux de Coriat et de Lorino)[1]. Cette situation ne tient pas seulement aux variétés de types d'activités ou de contextes économiques, ou encore à l'incapacité des gestionnaires à construire et présenter un modèle. La performance n'est en fait pas pensée comme un tout devant nécessairement être organisé, pour être lisible par tous et opposable à tous : il n'y a pas de « table de la performance du travail » telle que

1 Cela n'est pas contradictoire avec les conclusions du travail de T. Coutrot (1995) qui montre que le contrôle des performances est systématique dans 43% des établissements, et que les systèmes formalisés d'évaluation sont pratiqués pour le personnel d'exécution dans 30% des établissements. Ces modalités d'évaluation de la performance peuvent exister, nous tenterons de le montrer, en étant déconnectés d'un système complet d'organisation de la performance.

l'organisation fordienne de la production l'avait installée[1]. En fait, le mode de coordination nécessaire à l'atteinte d'une performance ne se résume pas à une « *liste figée de règles* » mais relève plutôt « d'*un processus ouvert de production et de légitimation de règles acceptables par les acteurs* » selon Hatchuel et Weil (1992).

Dans l'organisation de l'entreprise, ce processus se manifeste sous la forme d'un kaléidoscope. De nombreux

---

1 L'organisation fordienne du travail a installé une représentation de la performance du travail (Boyer, Orléan, 1991) sous forme d'une modélisation de la situation productive du salarié. L'entreprise est l'unité cardinale de construction de la performance (l'extérieur de l'entreprise existe peu). L'ingénieur est le producteur central des normes de gestion de la production et du travail (selon la logique du « modèle industriel » décrit par Ph . Veltz ou par Ph. Lorino). L'individu est inscrit dans une relation de subordination-prescription de l'acte instituant la rémunération comme contrepartie de la « productivité-débit » définie par Ph. Zarifian. La performance du travail se définit d'ailleurs communément comme les modalités de mobilisation du travail sous contrainte d'efficacité économique (Foray, Mairesse, 1999). La performance du travail peut être représentée par un système « à deux moments ». S'appuyant sur un lien personnel de subordination, le travail est prescrit et l'évaluation des résultats du travail se fait plutôt en termes de productivité. La fixation du salaire individuel prend dès lors une place essentielle-voire exclusive- dans l'animation et le bouclage répété de ce système (la notion de « règle de salaire » définie par R. Salais). Cette « relation salariale taylorienne » (Troussier, 1990) trouve enfin une armature sur un plan collectif dans des conventions, textes, et accords admis de tous : des normes d'ensemble qui définissent, de l'extérieur de l'entreprise, un chemin de possibles pour chaque relation. Cette stylisation de la relation de subordination sert d'ailleurs de référent commun aux approches en termes de régulation et à la sociologie industrielle durant les années 1990, même si les vocables retenus peuvent varier. La performance du travail s'y trouve incluse : en termes schématiques, elle dépend d'arrangements, plus ou moins explicités, de la relation de subordination. Les thématiques de recherche restent, par suite, braquées sur des « tensions de base » (Gazier, 1992) chez les économistes ou sur les « régulations conjointes » dans la sociologie inspirée de J.D. Reynaud (Gavini, Lallement, Thuderoz). Voir en particulier Bélanger J. et Thuderoz C. (1998) La recodification des relations d'emploi *Revue Française de Sociologie*, Vol. 39-3.

documents, émis par divers niveaux ou espaces de l'entreprise, construits selon des démarches plus ou moins chiffrées ou suggestives, à des fins ou destinations plus ou moins larges, se combinent pour finir par produire une formulation – plus qu'une formalisation – de la performance du travail. Cette formulation habite l'organisation sans que l'on puisse dire qu'elle est la simple traduction d'un ensemble de règles, de protocoles ou encore de « plans » [selon l'expression de Ponssard et Tanguy (1989)] émis par le « haut » de l'organisation. En général, cette formulation est connue dans l'entreprise mais de manière très inégale ou sous des présentations ou acceptions assez variées.

Cet enseignement n'est pas totalement surprenant. Il s'inscrit, notamment, dans la lignée du constat théorique déjà dressé dans la décennie 1980 à partir des travaux sur l'efficience des organisations [Miles (1980), Robbins (1990)] : les critères d'efficacité des organisations s'avèrent extrêmement variés mais aussi changeants. La construction de la performance du travail, c'est-à-dire les finalités que l'organisation assigne au travail, est donc contingente de cette situation de variabilité.

L'hypothèse d'une fixation rationnelle de critères de performance dans les organisations qui énoncent, de façon intentionnelle, des objectifs d'efficacité, systémiques ou stratégiques est, en fait, trop limitative [Ménard (1997), Mintzberg (1985), Aoki (1984)]. La construction de la performance du travail ne parvient pas à se suffire du seul ordre des règles au sens de règlements, c'est-à-dire « *des prescriptions auxquelles il est possible de se conformer, et qui indiquent quel comportement est requis ou préféré ou prohibé dans des contextes déterminés* » (Shimanoff, 1980). Bien que l'organisation soit l'objet de schémas successifs de rationalisation de la production – assez visibles – leur coordination ne peut, pour autant, être saisie comme une simple programmation de règles ou de modes opératoires à suivre, qui seraient, « *stockés* » : une rationalisation aboutie nécessite que « *des constructions, adaptations, négociations se fassent autour de ces règles pour que les acteurs puissent se les approprier* » (Reynaud, 1989). Plus précisément, cet aboutissement nécessite que des agencements entre acteurs se fassent en permanence sur la « manière de faire » [ce qui se rapproche de situations décrites par le courant évolutionniste à travers les notions de « routines » et d'« apprentissages », et plus précisément des notions de « *montage* » et de « *savoir-faire et compétences organisationnelles* » de Dosi et alii, (1990)]. Il est dès lors peu étonnant de constater qu'une très large majorité des cadres interviewés dans les deux entreprises ne sont pas, à une date t, en mesure de donner, de manière claire, une formulation de la performance poursuivie par l'entreprise et des attentes qu'elle induit sur le travail.

Cardinale dans l'entreprise, cette performance « attendue » du travail est pourtant aussi présente qu'organisatrice. Ce chapitre tente d'identifier la conception organisationnelle de la performance et les formes concrètes (outils et méthodes) que lui permette cette capacité organisatrice. Trois résultats sont présentés.

1. La performance, satisfaction de valeurs

La performance « attendue » du travail prend appui sur des énoncés de règles extrêmement généraux dans leurs formulations. Véritables « *représentations collectives* », au sens de Moscovici et Doïse, ce type de règles a un fort pouvoir coordinateur par sa capacité d'harmonisation, voire de mise en compatibilité, des comportements. En termes simplificateurs, tout se passe comme si la performance énoncée ne cherchait pas seulement à coordonner directement les actions individuelles par des prescriptions, mais fonctionnait aussi comme un facteur d'homogénéisation des représentations individuelles qui sont à la source de ces actions. Il s'ensuit l'installation de « *valeurs* » (représentations collectives qui sont stables, plurielles et collectives) qui délimitent un univers de comportements souhaités ou convenables. Si ces « valeurs » peuvent être reconfigurées par les espaces professionnels de l'entreprise, et notamment suivant les qualifications et les méthodes de gestion du travail, elles tendent toujours à assurer, en l'incitant, la convergence des actions des membres de l'organisation (Schein, 1985). Il convient d'apporter ici deux précisions sur le statut que nous donnons à cette notion de valeurs.

D'abord, l'existence de ces valeurs éloigne certes clairement d'une vision néoclassique selon laquelle la firme est réductible à une combinaison technique (voir les travaux de Baumol, Panzar et Willing, 1982). Elle éloigne également d'une approche transactionnelle ou contractualiste, selon laquelle la firme s'analyserait en termes de « *nœuds de contrats* » plus ou moins explicites entre acteurs. On peut même penser qu'elle limite la portée d'une interprétation strictement évolutionniste du fonctionnement de la firme. Dit très simplement, l'obtention de la performance semble davantage se jouer sur le terrain de capacités adaptatives très peu organisées, codifiées ou repérables *a priori* dans l'organisation que sur celui « *d'un portefeuille de routines* » ou de « *codes formalisés* ». En fait, ces *valeurs* constituent certainement un élément d'explication fonctionnelle des mécanismes « d'*interactions entre des collections d'individus qui créent de l'apprentissage* » (idée évolutionniste essentielle) et de leurs capacités à produire, au delà des compétences des individus, des « compétences organisationnelles » (présentes chez les évolutionnistes et chez A. Chandler).

Ensuite, si nul ne décide totalement et intentionnellement de ce qu'elles sont, ces valeurs n'en sont pas moins précises et très vivaces dans les déclaratifs des acteurs. Ces derniers sont en capacité de les « dire » et de situer leur importance pour le travail. En fait, la construction de la performance du travail s'appuie sur ces valeurs que l'organisation promeut par divers canaux, même les plus insolites (pot systématique de fin de semaine, par exemple), afin de chercher à installer une cohérence (d'Iribarne, 1986). Ces valeurs se manifestent, en fait, sur un spectre très large qui va de l'évocation quelque peu éthérée, à l'injonction à peine déguisée, en passant par un vague souhait.

Parmi ces valeurs, une exigence générale est d'abord posée aux activités productives : être capable d'une construction permanente des moyens d'un traitement « évènementiel » de l'activité, plutôt que d'un traitement traditionnel en termes d'opérations[1]. L'évènement n'est plus « ce qui n'aurait pas dû

---

1 Dans son analyse de l'émergence des nouvelles organisations post-tayloriennes, Ph. Zarifian entend « *non seulement ce qui survient de manière relativement surprenante, imprévisible, et singulière, dans une situation de travail, mais ce qui interpelle tout à la fois les compétences disponibles et le sens donné au travail pour les acteurs qui se confrontent à cet événement. Autrement dit : ce qui survient en situation, et subsiste en termes d'interpellation sur des nouveaux*

être », par référence à un univers standard d'opérations programmées, mais se trouve plutôt banalisé comme « ce qui peut arriver », il devient la « *matière première de l'activité* » comme le dit Ph. Zarifian.

Cette installation de « l'évènementiel » comme « modèle d'interprétation » de la performance du travail n'est pas anodine : l'accent est porté sur une convention de type 1, c'est-à-dire d'une représentation sociale [« *modalités de pensée pratique orientée vers la communication, la compréhension et la maîtrise de l'environnement social* » (Jodelet, 1984)] qui, parce qu'il est difficile de coordonner les décisions individuelles, offre un cadre de cristallisation aux manières d'agir et inspire ainsi des comportements souhaités. Cette première valeur est cardinale, au sens de F. Perroux, parce qu'au dessus et conditionnant toutes les autres. Elle a pour effet principal de rompre avec un réflexe hérité des méthodes tayloriennes : l'appui sur la programmation et l'explication des tâches. D'autres valeurs sont, suivant les contextes productifs, avancées comme applications locales.

2. La performance, énoncé de balisages

Tout ne se joue pas à l'intérieur d'un univers essentiellement sociologique des représentations, l'ensemble se mettant en place par une sorte de magie incantatoire ou uniquement suggérée. Des « *balisages* » (expression relevée dans les entretiens) très concrets sont proposés aux coordinations des individus : des énoncés de la performance attendue du travail (Convention de type 2).

Ces « balisages » sont assez nombreux. Cela s'explique, en partie, par le fait que les évolutions observées ne sont pas en totale rupture avec ce que le courant régulationniste nomme « convention fordiste » [salaire/productivité ou « convention de productivité » de Salais (1989)]. Cette dernière n'est, en fait, pas totalement consommée et l'établissement d'une nouvelle convention en matière d'efficacité attendue du travail absorbe, pour l'heure la première, quitte à la rendre d'ailleurs moins

---

développements de compétences et sur des reconfigurations de sens ». Zarifian Ph. (1995) *Le travail et l'évènement*, L'Harmattan.

objectivée (Favereau, 1986). En fait, l'omniprésence du recours langagier à la notion de performance ne peut être interprétée comme le simple entérinement du caractère périmé des analyses en termes de productivité, c'est-à-dire des analyses considérant l'efficacité d'une organisation en termes de quantité produite par unité de temps (ce que Ph. Zarifian désigne par le modèle de « *productivité-débit* »).

Bien qu'ils contribuent à un contrôle des acteurs, ces « balisages » ne sont pourtant pas d'essence contractuelle pour les acteurs mais plutôt suggérés ou en « *bribes* » (dites « *bribes de règles* » par les acteurs) ; bribes qu'il convient d'interpréter. En ce sens, ils peuvent difficilement, au moins du strict point de vue de leur formulation, être interprétés sous l'angle d'une « relation d'agence » et, plus particulièrement de la « *recherche permanente d'information parfaite* » (deuxième hypothèse fondatrice), telle que la théorie de l'agence l'énonce.

3. La cohérence entre les valeurs et les balisages

Le lien entre ces deux registres de conventions (balisages/valeurs) n'est pas forcément et *a priori* cohérent, (notamment sur la question de la traduction des performances individuelles au travail et de la performance collective) si des moyens de management adaptés ne sont pas déployés (Bartoli, Davezies, Rocca, 2001). Ces derniers sont explicités en détail dans le chapitre 2. Il est néanmoins primordial de constater que, *ex ante*, nul n'explicite précisément et de manière procédurale, le fonctionnement optimal recherché par l'organisation de la production en y incorporant la contribution de chacun.

Les deux points de ce chapitre s'attachent à caractériser chacune des conventions précédemment présentées, en débutant par les éléments que l'observation rapprochée des situations de travail rend immédiatement visibles (i.e. les balisages). Ces points caractérisent le lien de ces conventions avec la conception de la performance du travail construite par les entreprises.

La première section décompose ces balisages qui révèlent une très forte montée des exigences sur l'acte de travail. La performance du travail ne remplace pas, en l'évacuant, la productivité, et cela malgré la quasi-disparition de l'évocation de cette notion [la position est confirmée sur un plan théorique par Stankiewicz, (2002)] : elle tend plutôt à l'insérer dans une globalité d'énoncés et de critères plus ou moins ordonnancés qui prennent des formes localisées quelquefois très explicitées. Convention proche du type 2 défini par O. Favereau, nous la qualifions de « *convention de balisages* ».

Cette construction de la performance du travail tend de plus à intégrer les nouvelles conditions de l'environnement des entreprises [« le nouveau monde industriel » défini par Veltz, (2001)]. La volatilité de l'environnement concurrentiel et la montée des exigences du client obligent à une adaptation permanente de l'organisation de la production au « flou ». Cette « adaptation au flou » constitue la deuxième composante de la performance du travail attendue du travail ; composante qui s'apparente, cette fois-ci nettement, à une représentation collective. Cette composante vient compléter la « convention de balisages » pour lui permettre de fonctionner. C'est, en fait, une *valeur de l'organisation* qui situe l'exigence cardinale « *de traitement évènementiel* » énoncée par Ph. Zarifian. La deuxième section tente de repérer les formes et les implications de ces valeurs pour l'acte de travail et leur place dans le jeu conventionnel qui s'installe en matière de performance.

Au total, si l'on cherche à articuler ces deux registres constitutifs de la performance, peu de cohérences explicites ou apparentes émergent. Néanmoins, une hiérarchie entre ces registres s'installe clairement : la construction de la performance attendue du travail est d'abord conçue comme une valeur à satisfaire ou comme un «*principe supérieur* » (Boltanski et Thévenot, 1991) qui imprègne les fonctionnements de l'organisation mais, surtout, joue en faveur de la coordination des acteurs. Plus que les repères et les balisages, qui restent temporaires, adaptables ou amendables, les valeurs formulées sont censées inciter et orienter durablement les acteurs vers une performance. Elles « *constituent des évènements que le décideur peut manipuler de manière à modifier les actes [...] des autres agents* » (Balassa (ed), 1986).

LES ACCEPTIONS « NOUVELLES » DE LA PERFORMANCE : DES REGLES DE PRODUCTIVITE, DES BALISAGES ET DES REPERES TACITES

Mesure (évaluation) et rythme de production (prescription) à la fois, la productivité participe en fait de « nouvelles formulations » des objectifs de performances que les entreprises assignent au travail. Ces nouvelles formulations se manifestent comme une combinatoire de critères (premier point), variables dans leurs appuis sur la « productivité-rendement » (deuxième point) et leurs modes de divulgation dans l'organisation (troisième point). Articulée par des outils de gestion précis, cette combinatoire sert à formuler une conception de la performance. Cette formulation reste sous contrainte d'un « jeu de valeurs » à satisfaire. Ce jeu de valeurs fait plus que compléter la formulation de la performance du travail : il tente de lui donner un caractère incitatif. En ce sens, la performance du travail ne peut se ramener à un simple *« énoncé rationnel des fins et des moyens »* que se donne une organisation [Ménard C. (1997), p. 103].

Une combinatoire de critères

La productivité est incluse dans une combinatoire de critères de performance attendue du travail. Si les formulations demeurent relativement variées, elles se présentent le plus souvent comme une liste d'indications. Ces dernières sont parfois floues ou implicites. La problématique de la performance du travail attendue semble en fait évoluer, non pas en substituant des objectifs à d'autres (par exemple, la productivité s'effacerait au profit de la flexibilité ou de la qualité), mais en opérant, par adjonction, de nouvelles configurations d'objectifs ou de nouvelles combinaisons. Ce premier constat va dans le sens de certains travaux menés dans les années 1990 en France à propos « des métamorphoses du travail » et de « des concepts-clés de flexibilité et de complexité » (Lallement et Lefèvre-Farcy, 1994). Ce constat insiste toutefois sur l'évolution des systèmes de production qui procède davantage par « adjonction » que par remplacement.

Du point de vue du travail à réaliser, il s'agit donc, premièrement, d'atteindre simultanément – et non pas alternativement – un ensemble complexe d'objectifs. Par exemple, dans le cas de l'une des entreprises enquêtées, cet ensemble complexe est énoncé de la manière suivante, par un cadre[1].

> « Dans un rapport annuel intitulé « *la performance par excellence* » et diffusé par satellite et par journal papier à tous les salariés du groupe dans le monde, le discours du président ouvre l'année 2002 en se référant à quatre critères de performance globale pour « *une entreprise de classe mondiale* » confrontée à une année de crise dans son secteur d'activité : « *premièrement, avez-vous maintenu votre rentabilité au cours de cette année catastrophique ? Deuxièmement, avez-vous gagné des parts de marché ? Troisièmement, avez-vous généré un flux de trésorerie positif ? Enfin, votre bilan est-il solide, avec un endettement limité et un ratio d'endettement, par exemple, inférieur à 0,1 ?* ».
>
> Il est ensuite question des cinq priorités de réduction des coûts : les prévisions étant à la poursuite des difficultés du marché mondial des semi-conducteurs, il est demandé « *à chacun d'entre vous d'être super-performant. Durant cette période, nous devons faire mieux que le marché* » [souligné par nous MR]. Des objectifs sont alors rappelés concernant :
>
> - le ratio dépenses/ventes.
>
> - la réduction des coûts du travail, qui peut passer par celle des effectifs. Toute cela sous contrainte, pour le groupe, de trouver les meilleures voies pour assumer sa « *responsabilité sociale* ».
>
> - la maîtrise des dépenses d'investissement, limitant celles-ci en-dessous du montant de l'amortissement, compte tenu de la rotation insuffisante de l'actif net liée à la baisse du chiffre d'affaires du groupe.
>
> - la réduction des coûts d'achats aux fournisseurs.
>
> - une efficacité maintenue des unités de fabrication « *par rapport à la norme mondiale* ».

---

1 Les citations des discours des acteurs recueillies lors des interviews et reprises dans le texte en *verbatim*, sont présentées avec un retrait à gauche et a droite.

Simultanément à ces priorités de réduction des coûts, il s'agit de prendre davantage de commandes, dans la tempête que connaît le marché : « *je demande à chacun de vous de multiplier les contacts et de passer des commandes avec chaque client* ». Il s'agit encore d'accroître l'efficacité productive en fabrication, car « *chaque point de rendement supplémentaire viendra directement accroître le bénéfice net ; le temps de cycle est capital car notre activité doit de plus en plus s'adapter aux spécificités grand public, ce qui la rend très dépendante des variations de la demande à court terme* ».

En référence au déploiement du TQM (Total Quality Management), une « *philosophie* » faite de « *valeurs partagées* » ou de « *lignes de conduite* » est préconisée. Constituant l'une des cinq lignes de conduite, « *l'excellence* » est définie comme « *l'acceptation du changement et du défi permanent, et ce, afin de toujours progresser* » ([les guillemets et italiques des cinq paragraphes ci-dessus signalent que les termes proviennent du document d'entreprise].

A l'évidence, ces objectifs sont libellés par des critères de nature très différenciée : quantitatifs, qualitatifs, comportementaux mais également existentiels – « *se faire plaisir* »[1]. Ces critères ne sont pas toujours explicités dans

---

1 Lors de nos premiers entretiens avec les responsables d'une importante société de conseil, il nous a été dit : « *On met l'accent sur le plaisir qu'on prend dans notre travail, sur le fait de s'amuser, de ne jamais savoir de quoi la journée va être faite, de toujours changer de sujet, de rencontrer des situations très variées. C'est du plaisir. Ce n'est pas s'amuser sur des jeux, mais parce qu'on est sur des enjeux* ». En même temps, dès que l'on consulte la documentation d'appui à la formation-intégration des nouveaux consultants recrutés, la « performance » est bien présente dans le vocabulaire employé, mais éparpillés dans différents documents ou supports :
- Dans le dossier d'accueil, chapitre 3, point 3.2 : parmi les objectifs de la procédure d'évaluation, il s'agit de « *permettre de formaliser l'appréciation des* PERFORMANCES *des collaborateurs au cours des interventions* » [signalé par nous MR].

leurs priorités ou nécessités. Rien n'exclut ainsi l'existence *a priori* d'injonctions contradictoires. En tout cas, le choix organisationnel est plutôt celui d'une incitation « tous azimuts ».

Deuxièmement, il ne s'agit pas non plus d'atteindre des normes fixées mais de s'engager dans une démarche de dépassement des valeurs chiffrant ces normes d'objectifs. C'est d'ailleurs à partir de cette logique de dépassement des normes que l'évaluation de la performance du travail, et, par suite, la construction de systèmes de rémunération variables liés aux résultats de chaque individu, peut se mettre en place (nous verrons, en fait, la faible implication « réelle » sur la rémunération).

Ces formulations peuvent être considérées comme nouvelles, non pas tant parce qu'elles formulent de nombreux résultats attendus du travail, mais parce qu'elles imaginent des combinatoires très sophistiquées de critères dont la nature peut être très variée ; combinatoires devant être satisfaites dans des logiques de « dépassement » plus que d'atteintes des objectifs ; combinatoires que chacun doit, le cas échéant, élaborer en repérant et collectant des informations pour reconstruire le « puzzle de la performance ».

- Dans la présentation de la mission-type, pour ce qui concerne le rôle du manager de l'équipe de projet : « *le manager entraîne l'équipe et le client* A SE DEPASSER *pour atteindre les objectifs* ».
- Dans la plaquette de présentation du cabinet : « *notre ambition est la croissance, parce que nous sommes un corps social vivant appelé à grandir, parce que c'est l'aventure qui nous réunit, et qui nous fait grandir ensemble* ET NOUS DEPASSER QUOTIDIENNEMENT » [en gras, signalé par nous MR].
- Dans l'organisation par projet, au départ de chaque mission, le cabinet prescrit de remplir une « fiche d'objectifs », qui comporte deux temps de définition : 1. Les « *enjeux et objectifs de la mission* », eux-mêmes définis à double face (pour le client, et pour le cabinet). 2. Les « *objectifs assignés au consultant* », à triple dimension : « *techniques, managériaux, commerciaux* », avec une spécification des critères de réussite à trouver.

Le statut variable de la productivité-rendement

La « productivité-rendement » participe de cette combinatoire de performances selon des logiques très variables qui vont de la « tête de liste » des indicateurs (i) jusqu'à son « enfouissement » (ii) (termes relevés au sein des entretiens) derrière des tableaux de bord de gestion.

(i) Parmi d'autres critères, la productivité peut être explicitement réifiée comme une concrétisation forte de l'efficacité dans certains espaces particuliers de l'entreprise. Manifestant une réelle tendance à la taylorisation d'activités de production, la fixation explicite de certains objectifs de quantités par minute représente alors l'objectif de performance de services d'entreprise ou d'organisations productives jusque là peu concernées par ces méthodes (les activités de service, par exemple). Loin d'être évacuée, la productivité sert alors de référence majeure de performance, à côté d'autres variables jugées, dans la pratique, comme secondaires (la qualité de service, par exemple) (Bartoli, Davezies et Rocca, 2001). Du point de vue de l'exercice du travail – et singulièrement du travail peu qualifié – la non-homogénéité et la forte variabilité des tâches à réaliser constituent dès lors de réelles causes de difficulté pour « *tenir les normes* » [1]. Les travaux réalisés sur le travail dans les centres d'appel illustre, par exemple, très clairement cette tendance à la néo-taylorisation[2].

Cette montée en puissance de la productivité comme variable première de la combinatoire de performance a deux significations différentes. Lorsque *l'output* est considéré comme suffisamment bien défini et stable dans ses caractéristiques, le contrôle du travail peut se fonder sur une « mesure du résultat » {« output-base control » de Ouchi, (1979)] qui a l'avantage de la simplicité. Lorsque cet output est plus difficile à cerner du fait de dimensions « servicielles » de l'acte de production, le contrôle du travail a tendance à s'intéresser au comportement au travail (respect de procédures, surveillance, etc...). Ce dernier est, par contre, plus compliqué

---

1 Bartoli M. (1980) *L'intensité du travail* Thèse de doctorat d'Etat de Sciences Economiques, Grenoble, 695 pages.
2 Carmona J., Di Ruzza R. et Le Roux S. (1999) *Le travail à distance, analyses syndicales et enjeux européens* Ed. De Boeck.

à mettre en place car il impose une formalisation des tâches. Dans ce cas, le recours à la productivité est une commodité managériale : mettre en avant une donnée apparemment plus synthétique, sensément mesurable et considérée comme moins sujette à controverses (Bartoli, Davezies et Rocca, 2001).

(ii)- A l'inverse, cette combinatoire de la performance va parfois jusqu'à « gommer » la référence explicite à la notion de productivité-rendement pour le salarié. De prime abord invisible, cette dernière se trouve englobée dans le « back-office » du contrôle et du pilotage de la production : ex-post (le trimestre suivant en général), des estimations de la productivité moyenne sont quelquefois produites avec l'objectif de se « donner des repères » (relevé au sein des entretiens). Très indirectement, le suivi de la performance du travail se fait, plutôt, à partir d'indicateurs globaux de résultats (taux de charge – rapport entre le nombre de jours facturés et travaillés-et taux de réalisation – rapport entre CA net constaté et CA prévisionnel standardisé). Sur un plan concret, le salarié n'est pas incité à une performance par des objectifs de productivité énoncés individuellement (ou pour une équipe réduite) et vérifiés.

De manière générale, la productivité-rendement est donc présente mais le plus souvent amalgamée dans un ensemble d'objectifs. Ces derniers ont une nette tendance à incorporer des indicateurs qui signalent un rapport efficace au marché ou au client. Les critères de qualité, flexibilité, variété, délais, prennent ainsi place de façon essentielle dans la conception de la performance attendue du travail. Floues ou flexibles, les nouvelles organisations cherchent, en fait, la réalisation d'un « modèle de réactivité » au-delà d'un « modèle de variété »[1]. L'explosion généralisée de l'emploi du mot « performance » désigne, dès lors, indifféremment, le résultat attendu, tant des entreprises comme organisation toute entière que du travail individuel des salariés qu'elles emploient. Mais une tendance forte est engagée en matière d'énoncés de la performance : « *le tableau de bord du travailleur (individuel ou collectif) qui instrumente l'objectif abstrait de recherche du profit, s'enrichit*

---

1 Cohendet P. et Llerena P. (1990) *Flexibilité et évaluation des systèmes de production dans* ECOSIP : Gestion industrielle et mesure économique – Economica, 1990

d'indicateurs portant sur les variables présumées avoir un impact élevé sur la valeur ajoutée telle que, par exemple, le délai ou la satisfaction de la clientèle. Il se peut même que les indicateurs de productivité en volume disparaissent au tableau de bord parce que la différenciation statique et dynamique des produits, particulièrement développée, du fait de la politique d'innovation, de la recherche de qualité et du service personnalisé au client, en rend le calcul malaisé, voire même impossible » (Stankiewicz, 2002).

Pratiquement, la performance du travail prend une double acception. Elle se traduit, dans les entreprises observées, par l'existence de deux énoncés-types. Ces derniers s'apparentent clairement à des conventions de type 2, c'est à dire qui sont susceptibles de coordonner des décisions individuelles.

Enoncé-type 1/ Il s'agit d'atteindre simultanément une variété d'objectifs dont la combinatoire constitue un ensemble complexe, pluridimensionnel et, au départ, peu préoccupé d'éventuelles injonctions contradictoires : productivité ou rendement + qualité + fiabilité + flexibilité + délais + créativité ou innovation + ... Par exemple, objectifs définis d'abord au niveau de toute l'entreprise, les objectifs d'une petite filiale de production d'aiguilles chirurgicales enquêtées en 2001 présentaient la combinaison suivante :

> *« Passer de 800 à 2500 références cataloguées dans un « futur proche » (horizon 2 ans),*
>
> *Maintenir le coût de fabrication (dans l'usine iséroise) à son niveau de 30 % inférieur à celui de l'usine du groupe installée aux USA,*
>
> *Multiplier par 2.5 le volume de CA en deux ou trois ans,*
>
> *S'adapter à de nouvelles demandes et à des petites séries,*
>
> *Concevoir et produire différents modèles d'aiguilles de suture destinées à un client particulier interne au groupe,*
>
> *Respecter les délais,*
>
> *Diminuer les rebuts,*
>
> *Etre certifié ISO au degré supérieur ».*

Enoncé-type 2/ Il s'agit de dépasser, autant que faire se peut, les objectifs que l'on s'est donné, c'est-à-dire pour chacun d'eux les niveaux ou chiffrages qui en expriment la mesure. Il y a là une sorte d'injonction au dépassement permanent des résultats jusqu'alors visés ou atteints. C'est ce que viennent signifier les libellés des cotations des divers barèmes d'évaluation de la performance, du type :

Cotation 1	=	*n'atteint jamais*
Cotation 2	=	*atteint rarement*
Cotation 3	=	*atteint souvent*
Cotation 4	=	*atteint toujours*
Cotation 5	=	*dépasse souvent*
Cotation 6	=	*dépasse toujours.*

Très ouverte, cette pluralité de critères codifie donc la performance à atteindre par des énoncés de cibles ; cibles dites parfois en forme de « ligne d'horizon » (c'est dire qu'elles reculent à mesure que l'on avance). S'adressant à l'organisation toute entière, cette codification reste très englobante : chaque groupe ou chaque salarié est concerné par ses objectifs de performance. Comment définit-on les performances du travail de chacun (division, groupe, individu) ? Ces questions renvoient, en premier lieu, à la manière que les organisations ont de divulguer cette combinatoire de critères en leur sein en vue de situer l'incitation à la performance.

Deux modes de divulgation dans l'organisation

Cette combinatoire de critères de performances énoncée aux niveaux les plus élevés de l'organisation productive (divisions, unités, site, ...) donne en effet lieu à différents processus de divulgation et de traduction aux équipes et individus (ce qu'il est convenu de nommer en référence à un ancien modèle « une programmation »).

A partir des objectifs composant la performance visée par l'entreprise ou le groupe comme unité économique, comment traduire ceux-ci en objectifs locaux ou individuels fixés aux divisions ou équipes, et à chacune des personnes le constituant ? Comment rendre appropriables ces objectifs par ceux qu'ils visent ? En particulier, est-on capable d'isoler la dimension individuelle de la dimension collective dans les objectifs concrets comme dans le travail réel permettant leur atteinte ? Largement diffusée, la gestion par objectifs constitue généralement l'élément structurant de la gestion du travail ;

travail dont il s'agit de dire (plus que de prescrire) d'abord et avant tout les résultats attendus. Deux processus, très différents suivant les activités et les choix managériaux opérés[1], peuvent être distingués du fait de modes de divulgation très typiques : le mode « top-dowm » qui s'appuie sur une déclinaison des données (a) et le mode « prégnant » qui fonctionne plus sur de l'implicite (b).

a) Le top-down ou la déclinaison des objectifs

Le top-down (ou cascade des objectifs) décline explicitement, systématiquement et précisément des objectifs du niveau « corporate » (stratégique) aux niveaux individuels du salarié (opérationnel). De manière générale, cette manière d'expliciter ne distingue pas entre l'élaboration et l'application des énoncés. Autrement dit, la substance de l'énoncé est totalement définie par avance et, si l'on en croit les formulations, ne laisse aucune place « *aux habituelles logiques d'arbitrages localisées* » confiées aux équipes ou aux encadrements intermédiaires [Morin, (2001), Monchatre, (2002)].

Cette déclinaison des objectifs se veut, dans sa version courante, très programmatique. Dans l'un des cas étudiés (l'entreprise de micro-électronique), elle s'inscrit dans le cadre général de la démarche de TQM (Total Quality Management) très couramment abordé par les textbooks de gestion, et recourt à une procédure de déploiement ainsi énoncée par une entreprise : « *Policy Deployment is out corporate mechanism for cascading (goals and improvement plans down through the organization) from the Corporate Mission and long-term objectives to the shop floor and daily improvement actions* ». Il existe des *« corporate standards »* par rapport auxquels peuvent être étalonnés les objectifs : standards de fabrication (exemple : temps de cycle), de qualité (exemples : ppm sur 48 heures de test, ppm sur 1 000 heures, pourcentage du chiffre d'affaire représenté par du coût de non-qualité), de service (exemples : délais de livraison, ou de réaction,...), de ressources humaines (exemple : pourcentage des salariés se

1 Bartoli M. (2001) *Le travail mis sous tension* Travail et Changement (ANACT), n° 263, janvier.

situant à tel indice de satisfaction, nombre d'heures de formation en moyenne par salarié, taux d'amélioration du turn-over par rapport à l'année antérieure, de la productivité,...).

Dans cette entreprise, les *fiches d'objectifs de performance* des cadres sont les plus significatives de cette volonté de déclinaison très individualisante des performances attendues. Pour eux, la fiche d'objectifs sert également à fonder la part variable de rémunération qui leur sera allouée individuellement. Pour tout collaborateur, la fiche d'objectifs comporte également les critères de mesure qui permet d'attribuer une cotation de 1 à 4 lors de l'évaluation annuelle de ses performances, c'est-à-dire des résultats atteints pour chacun des objectifs fixés.

Ces objectifs se déclinent selon une formule combinée de trois catégories, que l'encadrement énonce de la manière suivante :

1. Des objectifs de « *contribution aux objectifs collectifs* » de sa division, « *résultant de la stratégie et des objectifs généraux des groupes produits, régions, business units, sites ou services* » ;
2. Des objectifs « *spécifiques individuels, liés aux principaux domaines de responsabilité de la description de poste* » et « *incluant des objectifs managériaux* » s'il y a lieu ;
3. Des objectifs « *personnels à court terme* », ou encore de « *développement personnel* ».

Ce genre de combinaison recouvre des objectifs du type : croissance des ventes ou du chiffre d'affaires, RONA, taux de marge brute, ppm, nombre de produits conçus et déclarés bons « du premier coup » pour lancement en production, taux de retours clients, coût de la non-qualité, nombre de personnes formées sur tel process, nombre d'articles écrits dans telles ou telles revues professionnelles, nombre de suggestions proposées ou retenues, nombre d'heures de formation réalisées ou suivies, ...

L'ampleur potentielle et l'hétérogénéité d'une telle combinaison conduit immédiatement à l'énoncé d'une règle de limitation/sélection [qualificatif donné par nous MR] : « *en principe, il ne doit pas être établi plus de 6 à 8 objectifs simultanés, des priorités doivent être ciblées* » (relevé dans les documents de l'entreprise), dans la définition déclinée des performances attendues d'un collaborateur.

Edifiant de véritables contrats de performance du travail par fixation d'objectifs individuels, cette déclinaison de « contrats en cascades » peut être rapprochée de la stylisation du contrôle que propose la théorie de l'agence (Jensen et Meckling, 1976). Dans ce cadre théorique, l'option de l'employeur visant à s'assurer de l'obtention d'une performance en rémunérant le niveau d'effort promis *ex ante* par le salarié est, en effet, de mesurer le résultat du comportement par l'intermédiaire de fixation d'objectifs quantitatifs. L'alternative pour l'employeur réside, en fait, entre un contrôle basé sur le comportement ou sur les résultats tout en considérant que l'efficacité de ce contrôle suppose l'introduction de mécanismes incitatifs [(Milgrom et Roberts, 1992), (Alchian et Demsetz, 1972)].

Cette déclinaison très rationnelle peut pourtant difficilement être considérée comme une méthode totalement fiable, c'est à dire permettant d'obtenir des comportements et des actions des salariés conformes à l'efficacité souhaitée et limitant le fameux risque « d'opportunisme ». Au-delà des difficultés de programmabilité et de mesurabilité des résultats identifiés (Elsenhardt, 1989), des difficultés méthodologiques fragilisent, en effet, la dissociation des performances individuelles et des performances collectives. En outre, les énoncés restent très dépendants de la volatilité de l'environnement[1] et d'un

[1] Un cadre de cette entreprise déclare que : « Les objectifs ont d'abord une base permanente de définition, pour chaque salarié, induite par le poste (ou la fonction) et sa description. Puis, cette définition est ensuite spécifiée, par rapport à une période donnée. Le management peut ici focaliser sur quelques aspects ciblés, dans une démarche de type contrat d'objectifs. Mais il y aura nécessairement toute une frange de définitions implicites et aléatoires des objectifs. Soit, par exemple, le cas d'ingénieurs-produits, dont le travail a été axé sur un objectif crucial à un moment donné : préparer le « time to volume », c'est-à-dire être capable de produire en grand volume un produit reçu en phase « proto ». Tout d'un coup, un client de leur domaine signale qu'il y a un gros problème de puce concernant un produit antérieur. Ce problème tombe, dans toute sa brûlante actualité, sur les ingénieurs, et vient se surajouter à

contexte de marché. De plus, les performances de certains types de travail sont, *ex ante*, très peu codifiables (le travail des «créatifs »). Enfin, la nécessité de toujours quantifier (pour évaluer ou payer) se heurte à ce qui ne peut pas forcément l'être.

Paradoxe d'envergure, l'incomplétude augmente donc avec le souci de formalisation d'un système top-down d'énoncés de la performance du travail : plus les objectifs sont cascadés en vue d'inciter chacun à une performance (objectif défini = rétribution connue), plus les contrats définissent précisément pour chacun « ce qu'il a à réaliser », plus les motifs de contestation sont nombreux.

> « *l'environnement a très vite changé, ... si la performance de l'équipe est moyenne, je n'y suis pour rien, car ce sont des choix internes qui nous gênent, ...* »

Ces motifs sont d'ailleurs si présents que la cascade d'objectifs est parfois l'objet de discussions conflictuelles mais, le plus souvent, « *distantes* » (terme relevé au sein des entretiens) :

> « *la cascade est à comprendre, comme un repère parmi d'autres* ».

On retrouve, dès lors, l'opposition des conceptions de la coordination, et plus particulièrement de l'approche du contrôle de la performance, entre la théorie de l'agence [tout peut être réglé par un contrat *ex ante* et « *le futur ne peut entraîner aucune surprise* » Williamson, (1985)] et l'approche par les coûts de transaction qui insiste davantage sur la nécessité d'introduire des « *arrangements institutionnels* » susceptibles d'arrimer, pas à pas (l'idée de « prévoyance »), le dispositif contractuel. Si les hypothèses de l'agence sont adaptées au problème posé par l'obtention de la performance

---

celui du nouveau produit à pouvoir lancer en volume à temps. On se retrouve ici pris en tenaille, subitement, entre des objectifs sous-jacents à la permanence du poste/emploi, et des objectifs très prégnants dans la vie immédiate du travail. On ne pourra jamais écrire dans les fiches d'objectifs ce genre de situations réelles à venir. »

(asymétries d'informations et conflit d'intérêt), un contrat déduit d'une cascade d'objectifs qui viserait à réduire « l'aléa moral » pour l'employeur n'a pas beaucoup de pertinence. Deux raisons à cela. D'abord, comment peut-on penser limiter « l'aléa » pour l'employeur dès lors que l'on ne peut pas limiter, parallèlement, celui de l'employé qui peut voir sa performance, pour partie, non réalisée du fait de facteurs qui ne dépendent pas de lui (environnement, collectif de travail)? De plus, ce type de contrat ne peut fonctionner qu'avec des données simples qui servent d'étalon de mesure. Comment évaluer, sans entrer dans des analyses trop poussées – donc coûteuses – la performance, sur des critères peu quantifiables ?

L'approche de la coordination de la performance par des contrats entre un principal et un agent n'est pas aisément adaptable à un contexte de difficile individualisation des contributions, de changements trop rapides des contraintes de l'environnement et de difficultés à comprendre les caractéristiques de tâches complexes. Il n'empêche que cette approche peut, ici ou là, s'inscrire dans une rhétorique de la performance promotrice de valeurs intéressantes pour le management (les valeurs de l'objectivité) : l'effort de chacun est mesuré et rétribué dans une démarche claire, connue à l'avance et opposable à tous, ce qui permet, du même coup, d'invalider l'idée de reconnaissance des performances ou qualités dans des processus conflictuels, soumis à la subjectivité de l'évaluation ou à l'appréciation d'une hiérarchie locale, donc particulière. Aux convictions selon lesquelles, c'est un rapport localisé, situé ou trop personnalisé qui reconnaît la performance, cette rhétorique substitue le caractère vertueux du contrat.

Le maniement difficile de ce genre de déclinaison d'objectifs et de leurs contrats joints n'est donc pas à comprendre comme le signe d'une faillite de la méthode. Au-delà de la rhétorique installée, le top-down produit une dissémination générale d'un ensemble de critères qui, s'ils ne peuvent pas toujours faire l'objet d'une évaluation très précise, installent cependant la satisfaction des exigences du marché comme composante pivot de la performance attendue du travail. Comme le suggère l'expression de C. Dejours, « *le marché est entré dans l'entreprise* », avec toutes ses exigences. En effet, cette déclinaison fixe de nombreuses exigences qui sont, très concrètement pour certaines, posées au travail et à ses performances. Parmi elles, le « time to market » définit le temps imparti au travail à accomplir. Dans le cas d'un travail sous « *autonomie-contrôlée* » (selon les enquêtes de la DARES in Premières Synthèses, 1999), le respect de ce rythme peut même devenir la seule exigence énoncée par l'entreprise ou plutôt l'exigence qui englobe toutes les autres : si ce temps est satisfait, la performance du travail est reconnue. Intuitivement, plus le travail est qualifié plus cette notion de « time to market » est d'ailleurs présente comme indicateur de référence. Tendanciellement, le travail doit donc offrir une collection de caractéristiques qualitatives susceptibles de satisfaire le marché : de ses qualifications individuelles et collectives nécessaires, à son indispensable disponibilité jusqu'à son adhésion aux problématiques du client[1].

L'utilisation pratique des énoncés de performance par le management confirme cette incursion du marché au plus près de l'acte de travail. Dans les activités de haute-technologie ou de création, le manageur est ainsi amené à considérer que « le temps du marché » est le temps de référence de l'organisation : élément systématique qui ressort de l'observation rapprochée des pratiques de gestion dans les deux entreprises, le manageur n'est plus là pour redéfinir un quelconque temps du travail ou adapter des indicateurs intermédiaires. Une performance du travail satisfaisante consiste, simplement (si l'on peut le dire ainsi) à ne pas décevoir ou contredire cette proposition. Cette incursion du marché a des chocs en retour sur l'organisation.

D'abord, le management de la production devient plus un « répétiteur » d'exigences énoncées sur le marché que « *traducteur* » au sens de (Callon et Latour, 1990). Plus exactement, la coordination hiérarchique portée par le manager [« *production d'intermédiaires, de supports de traduction et d'alignements d'intérêts* » (Callon, 1999)] en vue de construire par exemple des trames cognitives communes, tend à prendre une place secondaire. L'encadrement direct de la production

---

1 « *L'entreprise attend du salarié non seulement qu'il réalise des activités de production déterminée selon des moyens définis (la routine), mais aussi qu'il mette en œuvre sa capacité d'adaptation aux changements exogènes et qu'il mobilise son potentiel créatif pour initier des changements endogènes. (...) Ce mix routine-changement installe une conception néoschumpétérienne des situations de travail.* » (Stankiewicz, 2001).

perd, par suite, sa place fonctionnelle de « management », c'est-à-dire d'assemblage, des éléments de la performance. Concrètement, le marché impose un ensemble de critères que le travail doit satisfaire. Nous verrons, plus avant, que l'évaluation de la performance s'en trouve très nettement modifiée, notamment en ce qui concerne le contrôle d'objectifs quantitatifs préalablement énoncés (Andréani, Gaudeaux et Naud, 1996).

Ensuite, ce « face à face » que les indicateurs de performance installent entre un salarié hautement qualifié et le marché a des revers pour la fonction hiérarchique elle-même. Si le salarié s'avère performant de manière répétée, sur des contenus de tâches peu codifiables, il entre dans la catégorie dite du « salarié star » (Cadin, Guérin et Pigeyre, 1997)[1] qui est peu réceptive aux incitations ou prescriptions de l'encadrement. Trop de performance avérée réduit d'autant la capacité de l'organisation à la gérer. Un responsable de l'une des entreprises enquêtées explique ainsi qu'il ne sait plus, par exemple,

> *« comment travailler avec le responsable d'une équipe qui a inventé les formules pour compacter une image informatique en vue de son transfert »* (...) *« alors qu'il faut, absolument, le garder dans l'entreprise »*.

Il s'agit d'une forme *« d'ostracisme »* (Aoki, 1984) mais, tournée, dans ce cas, par des salariés performants contre leur encadrement.

b) La prégnance des objectifs ou une approche implicite de la performance.

A côté d'une logique top-down, une logique de simple « prégnance » [terme avancé par nous MR] tend à installer une approche plus implicite de la performance. C'est notamment le cas des activités où l'output est relativement immatériel. En apparence plus flou, le système est basé sur un énoncé global (entreprise ou grande division) et non ventilé d'objectifs et de

---

1 Cadin L., Guérin F. et Pigeyre F. (1997) *Gestion des ressources humaines, pratiques et éléments de théorie*, Dunod, Paris.

valeurs (« être bon »). Le travail est organisé par mission, projet ou dossier. Les contrôles ou relevés d'informations sont centrés, non pas sur le résultat ou l'output, mais sur le mode d'engagement des moyens (temps consacré) ou sur l'appréciation des caractéristiques d'exécution d'un dossier (entretien avec le responsable mission visant à évaluer comportements, compétences, aptitudes, ...). Les objectifs de performance attendue ne sont donc plus nécessairement énoncés. Le contrôle de gestion ou le management ne déclinent pas de façon explicite, formalisée et quantifiée, les objectifs (économiques) de résultats de l'entreprise jusqu'au niveau individuel des performances attendues de chacun des collaborateurs.

Si la performance attendue apparaît de prime abord comme absente, des indicateurs globaux de résultats servent néanmoins de « base » à un suivi régulier de la performance. Dans le cas de l'entreprise de conseil, deux indicateurs se combinent, et sont énoncés ainsi, par l'encadrement supérieur :

> *« 1. Le taux de charge = rapport du nombre de jours facturés au nombre de jours travaillés*
>
> *2. Le taux de réalisation = rapport du chiffre d'affaires net (valeur vendue de la production) à la production standard (valeur de la production selon l'application du coefficient standard de prix de journée). »*

L'entreprise n'applique pas directement ces deux indicateurs de contrôle aux salariés. Elle ne fixe pas non plus d'objectifs individuels de chiffre d'affaires à chaque individu consultant, ni ne mesure systématiquement les rentabilités ou profitabilités individuelles.

Un suivi « à distance » de l'efficacité est cependant réalisé. Le budget global (prévisionnel à un an) se réfère à quelques normes pour pouvoir évaluer, mois par mois, le chiffre d'affaires susceptible d'être réalisé, compte tenu des effectifs employés et des jours facturables[1]. Au niveau décentralisé

1 Par exemple, quelques repères sont donnés à l'encadrement sur le taux de charge de chacune des catégories de personnels. 1/ Des taux de charge différenciés selon les catégories de collaborateurs, soit sur 2001-2002, et en taux moyens annuels intégrant l'effet

d'une division, ce chiffre d'affaires et le plan de charge correspondant font également l'objet d'un suivi mensuel comparant prévisions et réalisations : temps passés sur les missions par rapport aux temps qui avaient été programmés ; CA réalisé par rapport au CA budgété[1].

Ce suivi « prégnant » des objectifs s'appuie sur des tableaux et indicateurs du contrôle de gestion. Les enquêtes montrent que ces derniers sont globaux et volontairement réduits au minimum. Ils s'appliquent soit à l'ensemble de l'entreprise, soit à une grande division. Il y a en fait un refus de ventilation de ce type d'indicateurs de contrôle de gestion par type de produits ou de missions accomplies. La même remarque vaut pour l'absence d'indicateurs de qualité, dans les tableaux du service comptable censés tenir lieu de contrôle de gestion.

En définitive, il y a une absence délibérée de normes de déclinaison des objectifs du travail des salariés. L'entreprise de conseil préfère édifier un cadre général fait d'équilibres budgétaires globaux (« *quelques grandes données* » selon les déclarations d'un dirigeant) qui servent à construire la rentabilité d'ensemble de l'entité. La création de valeur par les activités de travail se joue et s'obtient dans une sphère distincte et déconnectée : le travail est organisé et piloté par mission et le « staffing » (ou construction d'équipes) consiste d'abord à

---

d'affaiblissement dû aux congés : associés (41 %), directeurs (66 %), managers (69 %), consultants senior et junior (73 %). 2/ Des taux journaliers de facturation également différenciés par catégories, de 6 000 F pour les consultants à 10 000 F pour les associés.

1 Le suivi « à distance » est, par exemple, réalisé à partir de comparaison à des standards. Quelques écarts sont calculés mensuellement par rapport à des standards, notamment pour le taux moyen facturé, ou bien la valeur facturée totale de la production. La production standard est obtenue en appliquant au nombre de jours de missions réellement effectués (ou du moins « jours chargés facturés »), un taux journalier standard d'ensemble du cabinet (6 500 F à l'époque de notre enquête). Et c'est en la comparant au CA net facturé que l'on peut suivre mensuellement le « taux de réalisation ». Des tableaux évoquent un ratio « CA par consultant » : il est constaté mensuellement de façon purement arithmétique : division du CA net total du groupe par le nombre total de consultants.

affecter chacun des collaborateurs sur les diverses missions à réaliser pour les clients, en cherchant à optimiser la composition des équipes sur chacune d'elles. L'affectation intègre une référence en terme de nombre de jours planifiés, mois par mois, pour chaque collaborateur.

C'est mission par mission et au départ de chacune d'elles qu'est censée être remplie une fiche d'objectifs. Les objectifs peuvent y être définis en des termes assez généraux et qualitatifs, en se rapportant d'abord aux attentes du client et à la dynamique de la relation au client. Il n'est d'ailleurs pas rare de constater que certains collaborateurs n'ont jamais vu ce genre de fiche d'objectifs ou en trouvent l'utilisation fort peu précise.

La configuration de ce type de système de construction de la performance repose sur une double logique que la théorie de la « *régulation conjointe* » initiée par J.D. Reynaud (1988) permet de saisir dans ses traits principaux. La « *régulation de contrôle* », c'est-à-dire les règles d'exécution, les prescriptions, les méthodes et les objectifs à atteindre qui viennent de la direction, se montre, ici, non pas seulement « incomplète », mais formellement absente. La « *régulation autonome* », c'est-à-dire les règles ou dispositifs plus ou moins formels produites par des groupes de salariés exécutants, tend, du coup, à prendre une place décisive : la régulation autonome ne correspond pas seulement à une marge de liberté dont disposent les acteurs face au modèle prescriptif, elle le supplée. Plus qu'une implication pour venir « compléter » des prescriptions, l'appel permanent aux capacités des salariés vise donc à construire la performance en palliant aux absences d'énoncés formels caractéristiques du modèle prégnant.

Une autre interprétation du fonctionnement de ce dernier peut être proposée. De manière un peu différente, il est possible de considérer qu'il s'agit plutôt de nouvelles complémentarités des acteurs qui se construisent dans ce modèle de divulgation de la performance. Plus qu'une suppléance de l'autonomie par rapport au contrôle, il est possible d'y voir une reconfiguration de leurs rôles respectifs en matière de construction de la performance. En effet, si la régulation autonome « étend » nettement son champ au point de se trouver investie de la construction des objectifs à atteindre dans tel ou tel groupe, la régulation de contrôle se trouve déplacée vers une logique de suivi « à distance », moins visible mais tout aussi attentive. On comprend mieux, dès lors, la remarque d'un dirigeant qui dit que

> *« la performance ne fait pas partie de notre vocabulaire, même si on y est très attentif ».*

Dans ce modèle prégnant, des jeux subtils de hiérarchie, de coaching, de promesses et de sollicitations jouant tous sur des facteurs comportementaux du salarié sont naturellement indispensables pour que l'implication du travail ait lieu. Il ne suffit pas, en effet, de laisser libre cours « *aux envies de chacun* » (relevé lors des entretiens), puis de contrôler en back-office et très globalement l'efficacité obtenue, pour que des coordinations efficaces entre acteurs se nouent. L'organisation a donc recours à des mécanismes incitatifs et en particulier ceux qui visent à un « *attachement du salarié à l'organisation* » (selon l'expression de Aoki). Ainsi, dans le cas de l'entreprise de conseil, la promotion est centrale pour inciter. Elle peut aller jusqu'à obtenir l'association au groupe de dirigeants en quelques années et, à défaut, le collaborateur bénéficie d'une expérience professionnelle et personnelle « rare » (une expérience dans un des plus importants cabinets français) : ce sont là les deux registres majeurs d'incitations (là encore très peu formalisés). Pour que ces mécanismes incitatifs aient une efficacité, il convient, enfin, de les organiser par un management : il ne suffit pas d'énoncer des mécanismes d'incitation en direction des acteurs mais il s'agit de les « *construire en actions* » (Hatchuel, 1994). Le chapitre II du texte observe d'ailleurs les fonctionnements de ce modèle de management de la performance du travail.

Cette construction d'un modèle ne peut s'inspirer d'anciennes pratiques et notamment des modèles de gestion « *mécanistes* » ou rationalistes issus du taylorisme, au sens où ils ont été initialement caractérisés par P. Lorino[1]. L'efficacité et son « pilotage » peuvent difficilement être réduits à la mesure quantitative, unidimensionnelle et de court terme, de la productivité du travail direct, et au contrôle d'écarts par rapport à des standards. Dans les deux cas analysés, il n'est fait aucune référence à ce genre de méthodes.

---

1 Lorino Ph. (1989) *L'économiste et le manageur*, Editions La Découverte.

L'obtention d'une combinatoire de critères de performances, cascadés ou prégnants, est, par contre, très marquée par la nécessité de satisfaire à un ensemble de valeurs économiques couramment évoquées par la littérature [Charreaux, (1996), Sentis, (1998)]. A court terme, la valeur est créée pour les actionnaires (Economic Value Added), mais également, à plus long terme, pour des clients (CVA), des collectifs de travail (PVA), l'organisation (développement de la connaissance à capitaliser et partager) ou la société (valeurs pour les partenaires). Les pratiques de gestion du travail ont donc la charge d'organiser et d'impulser l'activité de travail conformément à une combinatoire de critères et sous contrainte d'un « *système de valeurs recherchées* ». Premier constat tiré des entretiens avec les dirigeants des deux entreprises enquêtées, ce système n'est pas donné de l'extérieur et une fois pour toutes : les entreprises considèrent qu'elles ont à le « *construire* ».

Si les propositions restent hésitantes sur ce point, l'identification des problèmes à solutionner est cependant très avancée dans la sphère des dirigeants des entreprises. Globalement, la question est de passer d'une création de flux externes (principalement les actionnaires) à une « *création de flux internes* » (Mottis, Ponssard, 2000). Sur le plan de la boîte à outils disponible, des ratios servent à apprécier à la fois la création pour une pluralité d'acteurs mais aussi cette création sur des horizons temporels variés[1]. En pratique, les dirigeants

---

1 Dans la littérature des sciences de gestion, une panoplie très étendue de ratios peuvent servir à mesurer la création de valeur pour les actionnaires (shareholders) : EVA (Economic Value Added) pour mesurer l'écart entre le bénéfice net d'exploitation après impôts et le coût du capital employé pour générer ce profit ; MVA (Market Value Added), pour mesurer l'écart entre la valeur de marché d'une entreprise et sa valeur comptable. Pour être durable, cette création de valeur doit satisfaire d'autres acteurs impliqués par le processus de performance (stakeholders). En effet, dépasser l'horizon de court terme est d'autant plus nécessaire que l'on se situe dans des activités économiques où l'essentiel de la création de valeur est tributaire de l'investissement immatériel (innovation, compétences,...). Parce que la profitabilité est pensée au-delà du court terme, la satisfaction d'autres acteurs que les actionnaires, est également à mesurer : CVA (Customer Value Added) ou valeur perçue par le(s) client(s), définie

des entreprises enquêtées se limitent à deux types d'indicateurs visant à cerner la performance financière. Des indicateurs sur l'horizon annuel qui dérivent du ROI (Return on Investments) ou de l'EVA et servent à un pilotage opérationnel des activités ; des indicateurs plus stratégiques tels que le TBR (Total Business Return) qui mesure le taux de rentabilité interne d'une activité (son rapport ramené à son coût). De toute évidence, cette manipulation d'indicateurs n'a pas de connexion forte, c'est-à-dire des liens visibles et structurés- avec le système de gestion du travail. L'idée d'une déclinaison, à partir du niveau corporate, de la performance financière en termes de performance attendue du travail n'a pas, empiriquement, de matérialité. Cela rejoint les conclusions des travaux pionniers de Montagne et Sauviat (2001) sur « *le caractère limité* » des effets des marchés financiers sur la gestion du travail.

Par contre, à un niveau très décentralisé, le management opérationnel en charge sur un site ou dans une division de « créer de la performance » est clairement « *dans ce bain de la création de valeurs* » (relevé au sein des entretiens). Cela fonctionne par des logiques d'imprégnation (séminaires et communications de la direction) et par un très fort « *pouvoir de suggestion* », selon l'expression de Montagne et Sauviat (2001). Le message revient à dire que la mobilisation du travail des salariés ne peut se suffire d'une satisfaction de la combinatoire d'objectifs, mais doit « *veiller aux différents axes des valeurs que poursuit l'organisation* ». Concrètement, cela revient à dire que la suggestion joue comme un mouvement

---

en termes de « qualité de service » (y compris sur des biens industriels) ; PVA (People Value Added) ou valeur apportée au personnel par l'entreprise, renvoyant essentiellement à la question de l'équilibre contribution/rétribution au sens de la gestion des ressources humaines = équilibre entre la rétribution offerte (qui ne se réduit pas à la rémunération) et la contribution demandée (output attendu du travail individuel et collectif) ; Valeur créée pour les partenaires (nouvelles formes de relation aux fournisseurs, réseau) et pour l'environnement et ses acteurs territoriaux (critères d'investissement socialement et écologiquement responsable, effets démultiplicateurs de développement local).

aspirant qui incite, sans les nommer ni les définir, des pratiques.

Dans l'une des entreprises enquêtées, il est, par exemple, très fréquemment dit (communication interne, externe, réunions « très fermées » du top-management) que « *la direction générale est très préoccupée par la question du développement durable* ». Le management opérationnel, sans qu'aucun élément n'ait été formalisé dans des objectifs ou fiches de postes,

> « *se doit de mettre en œuvre des actions en faveur de cet objectif pour pouvoir les faire remonter et montrer, ainsi, la contribution de l'entreprise au développement de cet axe* » [à noter, que cette contribution doit être étalonnée en vue de montrer son apport au développement de l'activité].

Dans le cas présenté, il s'agissait d'un système de gestion des transports des salariés qui vise à limiter l'utilisation des véhicules personnels (limitation des zones de parking à l'intérieur du site) en réalisant du co-voiturage ou en utilisant un transport collectif développé ou aidé financièrement par l'entreprise. Des aides financières sont allouées aux salariés qui participent à cette action de « développement durable ».

La satisfaction du jeu de valeurs se joue donc dans un registre très peu palpable. Les souhaits de performance, même les plus suggérés, doivent en fait se réaliser, ou plutôt ne pas subir de défaillances notoires. Les mécanismes qui coordonnent les actions des individus doivent donc inciter à la performance du travail (la démonstration est déjà avancée par Aoki, 1984), tout en considérant que cette dernière est faite d'une combinatoire bien visible et d'ajouts en termes de « valeurs » qu' il s'agit, pour partie, de décrypter.

Comment donc organiser ou prescrire, contrôler ou évaluer, l'activité de travail des salariés, en fonction de cette création de valeur suggérée par l'entreprise, et de l'importance relative attribuée aux différents axes et paramètres de définition ? Un premier élément de réponse tient dans l'une des constantes des exposés de la direction générale de l'entreprise de conseil : le travail est d'abord une « *véritable aventure partagée* ». La mise en avant de « valeurs de l'organisation » est cruciale : elle rend possible l'accomplissement d'une performance qui ne semble pouvoir se suffire de l'établissement de règles de coordination très explicites ou normatives (un contrat de performance ou une négociation d'objectifs, par exemple). Le ressort visé est plutôt du côté de l'adhésion des individus, qui conditionne l'implication des compétences.

La généralisation des combinatoires de critères précédemment exposées, à laquelle s'ajoute un « jeu de valeurs » témoignent donc d'une évolution très sensible de la nature de la performance attendue du travail. Des formes managériales de pilotage du travail et de son efficacité sont donc indispensables pour obtenir, au-delà des incitations habituellement avancées en termes de rétributions, une mobilisation du travail. Une nouvelle problématique organisationnelle de la performance se construit donc pour satisfaire à cette exigence.

LE CONTEXTE *ORGANISATIONNEL* DE LA PERFORMANCE : LES PROBLEMATIQUES DE LA GESTION DU FLOU

La problématique posée aux organisations consiste à rendre compatible les exigences de performance, explicitées ou suggérées, avec le pilotage des activités de production. Ces dernières connaissent toutefois deux types d'évolutions structurelles, généralement amalgamées dans la littérature, cherchant à qualifier le nouvel « ordre » productif en formation.

D'abord, la dimension « servicielle » (établie par l'analyse d'économistes comme J. Gadrey[1]) de nombreuses activités fait que l'output fourni par la prestation de service se définit en termes de « qualité ». Cette qualité de service ne s'appréhende pas aisément par des spécifications objectives tangibles à l'instant t (du type poids, couleurs, longueurs,..), mais plutôt par la « *relation d'effet* » qui intervient entre le prestataire de service et l'utilisateur ou le client. Le service est ainsi en partie co-produit avec le client lui-même, ce qui rend à la fois peu standardisable et aléatoire son processus de production comme

1 Gadrey J. (1991) Le service n'est pas un produit. Quelques implications pour l'analyse économique et pour la gestion, *Revue Politiques et Management Public*, vol. 9, n°1, mars.

l'output qui sera in-fine obtenu. La notion de « service fini » est ainsi nécessairement floue et, en tout cas, sans assimilation possible avec l'image du « produit fini » que la comptabilité générale des sociétés enregistre en valeur de stock. L'établissement d'une relation de performance s'en trouve nettement compliquée, notamment parce que l'on connaît mal, à l'avance, les cibles à atteindre. Comme le synthétise Ph. Davezies (2005), la qualité devient dès lors l'objet d'un « *conflit de normes* » : elle est celle du travail pour le salarié et celle du marché pour l'encadrement.

D'autres facteurs viennent, dans certains cas, se superposer. Ils sont, deuxième évolution, liés à une emprise du marché, de ses temps ou de ses rythmes, qui impacte deux processus essentiels constitutifs des activités de production des salariés les plus qualifiés : la recherche permanente d'innovation et de développement des connaissances ; l'organisation du travail en groupes pour conduire cette recherche (Cohendet et Diani, 2003).

En fait, le problème organisationnel posé est celui de la gestion d'un flou à plusieurs dimensions : le flou introduit par la relation au client (premier point), le flou introduit par le temps du marché (deuxième point). Ce flou tient, de manière très globale, à l'installation de la contrainte de marché comme troisième membre de la relation de subordination tissé entre l'entrepreneur et le salarié : bien loin de clarifier cette relation dans laquelle la productivité avait pour contrepartie le salaire, le marché lui imprime une série de filtres et de médiations. Par suite, la production de règles – ou principes de coordination – « pour travailler » tend à évoluer vers la définition d'espaces d'arrangements ou de contextes communs pour l'activité qui sont plus « *attracteurs* » (Hatchuel) des individus que prescripteurs des conduites.

Le flou, variable déterminée par la relation au client

Le service n'est pas un produit (… sauf à s'industrialiser). Il est donc tout à fait vain de chercher un document de présentation matérielle des « produits » offerts aux clients dans des activités à forte dimension servicielle ou créative. Dans le cas du conseil par exemple, l'accent est plutôt mis sur la « *créativité* », le « *sur-mesure* », la « *co-construction* » des solutions avec le client. Même les « *domaines d'intervention* » sont présentés en termes dynamiques désignant plutôt un effet induit, comme la valeur apportée au client, ou un processus. Trois domaines d'intervention sont ainsi désignés, dans les documents dépouillés :

> « *développer le capital client* » (par exemple : «*évolution de la politique de distribution* ») ; « *accroître l'efficacité opérationnelle* » (par exemple : « *optimisation des organisations post-fusion* ») ; « *optimiser les systèmes d'information* » (par exemple : « *sélection de progiciels* » ; ou encore « *mise en place de structures de coopération et assistance à l'externalisation de moyens* ») ».

Sur un plan organisationnel, ces domaines d'intervention sont croisés avec trois « *pôles d'expertise* » définissant simplement des champs sectoriels d'application ou d'exercice : Industrie et Services, Banque et Finances, Assurance et Protection sociale.

Diffusée dans l'organisation, cette conception de la performance se façonne donc dans un mouvement assez inattendu. L'acte de production-type (dans le conseil, une intervention) est présenté aux salariés selon un schéma extrêmement simplifié : la proposition d'un acte au client est l'étape préalable décisive. Cette proposition s'appuie sur un recueil d'informations auprès du client sur le contexte et les problèmes posés, les enjeux et le champ de l'intervention et les résultats attendus. Cette proposition formule ensuite une préconisation (démarche, objectifs, conditions de réussite). Si la proposition aboutit, la réalisation de l'acte débouche sur un résultat : ce dernier est pourtant non directement appréhendable bien qu'il nécessite une évaluation. L'appréhension de ce qui est ou a été « produit » et l'objet de l'évaluation restent très variables, pas toujours dits ex-ante et surtout énigmatiques.

Deux des dirigeants de la société de conseil réfléchissent, par exemple, ainsi :

> « *notre production, c'est ce qu'on laisse chez les clients (...). Quand j'ai commencé il y a dix ans, on était payé pour produire des rapports. De plus en plus, on est passé au critère de promouvoir du changement, que çà bouge effectivement chez le client (...). Le changement n'est plus à venir après la remise d'un*

rapport, mais est enclenché dès le départ de la mise en projet dans lequel on s'implique avec le client ». Prenant l'exemple d'une autre mission accomplie, l'un des dirigeants du cabinet de conseil exprime ainsi ses critères d'évaluation : « *un indice, c'est que le patron du groupe m'a demandé 50 exemplaires supplémentaires de notre rapport, un autre indice, c'est que plusieurs semaines après la remise de notre rapport, j'ai vu une série d'actions engagées ou mises en place, parmi toutes celles qu'on avait pensées et préconisées (...). Là, c'est assez jouissif, on sent vraiment une valeur ajoutée* ».

Certes toutes les catégories de salariés et de fonctions d'une entreprise, ne sont pas dans ce rapport très mouvant à une performance résolument tributaire de la dynamique de la relation au client. Certains conservent, en effet, un plus grand rapport d'immédiateté ou de visibilité entre leur activité propre de travail et la concrétisation matérielle des produits ou systèmes vendus. Néanmoins, les métiers de conception, de développement ou de création voient la matérialisation de leur travail et de son résultat – ce qui permet d'établir la performance – être sans cesse en devenir, comme « devant eux ». On comprend mieux l'expression de P. Veltz (2001), lorsqu'il considère que « *l'art du management est de prescrire de la subjectivité* ». Ce qui compte ce n'est pas la somme du travail des individus que l'on ne peut prescrire dans ce cadre, mais leurs capacités à s'organiser de manière pertinente. L'individu est dès lors primordial, non comme facteur de travail quelque peu désincarné et anonyme, mais comme acteur de la performance ou individu créatif (quitte à surexposer la personne).

En fait, cette conception va beaucoup plus loin « *qu'un salarié qui construit son emploi* » à partir de ses compétences (Cart et Toutain, 1998). Elle se rapproche d'une conception avancée, il y a déjà longtemps, par une partie des défenseurs de la théorie de la croissance endogène qui suppose que c'est l'abondance de compétences qui induit les conditions propices à leur valorisation.

La conception de la performance du travail se complique donc, une nouvelle fois : elle n'est plus seulement induite par l'acte de travail. Ce dernier est d'abord créateur de l'objectif de performance lui-même, au sens où il le tire du néant. La performance du travail s'en trouve clairement bouleversée puisque l'acte de travail n'est plus le contributeur dont il s'agit de mesurer la part et motiver l'implication mais le fondateur exclusif de la relation travail/performance elle-même. F. Stankiewicz (2002) estime, dans ce sens, que les programmes de recherches tireraient avantage à s'intéresser au nouveau paradigme de la « *valorité du travail* » (terme de FS), c'est-à-dire à « *son impact sur la valeur créée des actions et de comportements multiformes des salariés, liés à l'exécution des activités routinières ainsi qu'à l'utilisation de leur potentiel créatif et de leur capacité d'adaptation* ».

Ce recours aux qualités du salarié pour « faire face » qui va jusqu'aux potentialités des individus pour créer du travail appelle deux enseignements. Dit de manière brutale, s'il n'y a pas de mise en œuvre du travail et de ses facultés, il ne peut, premièrement, y avoir de fondation d'objectifs : les mécanismes managériaux de l'implication du travail sont dès lors décisifs et l'on comprend mieux l'ensemble des valeurs maniées dans l'entreprise pour obtenir « la mise en action » du travail. Deuxièmement, en l'absence de conscience de cet état de la relation, des formes d'auto-prescription du travail sont envisageables. La logique de dépassement des objectifs précédemment décrite prend, en fait, un tour inquiétant dès lors que le travail construit l'objectif. Dès lors que le flou résulte d'une relation de service poussée, la problématique organisationnelle de la performance se montre, paradoxalement, soit vague soit résolument mobilisatrice des individus.

Le flou, variable déterminée par le temps du marché

Lorsque l'activité est marquée par un cycle de vie des produits de courte durée, l'obsolescence commerciale rapide fait constamment remonter la pression du temps aux phases amont de conception ou tests qui précèdent un nouveau lancement. Il convient d'être prêt à engager, les premiers, un nouveau cycle de produit, c'est à dire être « dans le marché » (ou « *time to market* ») ; marché lui-même perturbé par de nombreux chocs de tous ordres –notamment celui des fusions-acquisitions.

Dans un document sur les « *valeurs partagées* » fondant les principes de management et de travail édictés par l'entreprise de micro-électronique, le couple marché-innovation est ainsi présenté comme l'une des quatre orientations stratégiques à partager, en ces termes :

> « *notre processus d'innovation sera tiré par le marché, à travers des alliances stratégiques avec nos principaux partenaires. Nous encourageons l'innovation par tous les moyens, y compris dans nos méthodes de management, et restons ouverts à toutes les idées nouvelles, même les plus inattendues* ».

Puisque que la volatilité des objets de recherche est forte, c'est donc la performance qui devient une cible ; cible dont la mobilité est peu probabilisable, c'est-à-dire soumise aux rythmes de marchés. L'organisation du travail est ainsi poussée à une instabilité permanente et la formation de groupes ou équipes de projets semble être une réponse organisationnelle très courante dans les entreprises enquêtées, mais aussi plus largement (Brousseau, 2001). Plus ou moins formellement constitué, ce collectif pour travailler est composé pour la durée de vie du projet concerné. En plus du flou qui pèse sur un output mouvant entre visée initiale et résultat final, un certain flou organisationnel caractérise donc aussi le cadre du travail qui s'établit entre un rattachement formel à une division de l'entreprise et une adhésion à des équipes de projets transversales et moins durables.

Renvoyée à des niveaux très décentralisés de l'organisation, cette réaction organisationnelle est très pragmatique : nul ne bâtit de planification en fonction d'une stratégie. En fait, la stratégie se résume à s'adapter. Elle s'inscrit toutefois dans une évolution plus générale relevée par la théorie moderne de la firme. Lorsque les processus productifs sont basés sur de « *la création de ressources* », les dispositifs habituels de coordination par des contrats visant à limiter les aléas est sous optimale [Langlois et Foss, (1996), Marengo, (1994)[1]]. Il est

---

1 Langlois R. et Foss N. (1996) « Capabilities and governance : the rebirth of production in the theory of economic organisation", *Kyklos*, Vol. 52, N° 2. Marengo L. (1994) "Knowledge distribution and coordination in organizations: on some social aspects of the

même montré que « *la diversité des préférences et objectifs des agents dans un environnement perturbé où l'apprentissage et la création de compétences sont les principaux facteurs de succès, peut être une source de performance* » (Cohen, 1984)[1].

Cette organisation en équipes de projets constitue certainement une réponse organisationnelle au flou induit par le marché. En ce sens, cette dimension du flou conduit à une problématique de la performance plus collective. Cette organisation traduit également une stratégie de mobilisation des savoirs. Elle remplit également des fonctions beaucoup plus profondes de gestion sélective des salariés et de promotion de la formation par le travail. L'exemple de l'entreprise de conseil est très révélateur.

Les consultants sont « *staffés* » : à chaque montage d'une proposition, il faut constituer l'équipe qui sera affectée au projet. A l'origine, c'est l'actuel président du directoire de cette société qui faisait lui-même le « *staffing* ». Il en reste encore aujourd'hui le symbole du maillet qui adjuge, présent avec humour sur son bureau. Depuis la croissance du cabinet (350 consultants à « staffer ») et sa structuration en trois pôles sectoriels, chacun de ceux-ci gère théoriquement son planning. Un dirigeant qui monte une proposition est donc censé s'adresser au responsable du « *staffing* » du (ou des) pôle(s) concerné(s), pour lui faire état de son besoin de tel(s) consultant(s) ayant tel ou tel profil. L'affectation des consultants relève en fait d'une alchimie largement implicite mêlant des critères de disponibilité du consultant sur la période, d'optimisation du plan de charge des collaborateurs du cabinet (barème général : 20 jours par mois), d'affinités interpersonnelles, de bilans tirés d'expériences antérieures et de synergies de compétences.

Pour le « *staffing* », comme pour d'autres aspects de l'organisation, la règle sur laquelle se fonde le cabinet est exprimée par son dirigeant-fondateur :

---

exploration vs exploitation trade-off" *Revue Internationale de Systémique*, Vol 7.

1 Cohen M.D. (1984) "Conflict and complexity: goal diversity and organizational search effectiveness", *American Political Science Review,* Vol. 78.

« tout doit être géré dans l'implicite, jusqu'au jour où ça ne devient plus supportable. Il faut voir les choses en dynamique. Aux différents stades d'évolution de l'organisation, on a de l'implicite qui va devoir passer en explicite, et de l'implicite nouveau qui va forcément venir. Les équipes de projet (ou mission) jouent sur une combinaison de différents niveaux de consultants, en fonction de ce que requiert une mission donnée : junior, senior, manager, directeur, associé. »

Réponse organisationnelle, l'équipe remplit, dans le cas du conseil, un rôle d'amortisseur de l'instabilité de l'activité et des fluctuations du marché : nul ne peut savoir en effet, à l'avance, les disponibilités de compétences dans l'organisation pour une période, alors qu'il convient d'envisager une mission (faire une proposition) ; cette dernière peut être attendue, puis retardée plusieurs fois dans ses butoirs temps et, enfin, démarrer quand « *on ne s'y attend plus* » (relevé au sein des entretiens). En fait, compte tenu de l'impossible programmation de l'activité, l'organisation du travail ne peut se faire, c'est-à-dire donner lieu à anticipations : la réponse collective est la seule issue pour rechercher une performance. Les missions se trouvent, en retour, devenir de véritables engagements à participer et à travailler : une sorte de « deuxième recrutement ». A défaut, on peut avoir un emploi sans travail à faire.

En fait, les missions sont considérées comme des « *lieux de vie* » au regard d'une relation double : la relation avec le client et la relation d'équipe :

« *Une mission, c'est un travail d'équipe au service d'un client (...), c'est le lieu de la progression de chacun et de tous* » (intégration/formation des nouveaux entrants).

« *Pour nous, le conseil n'est pas une transaction, c'est une relation à développer avec son équipe et avec son client* » (plaquette de bienvenue dans le cabinet).

La conception de la performance du travail est clairement donnée par l'avis suivant :

« *le métier du conseil, c'est l'instabilité qui le marque. Ce qui caractérise ce métier, c'est le flou, le fait qu'on est très vite obsolescent. On est dans un processus permanent d'innovation et d'adaptation. Notre organisation est faite pour faire face à ça. Il y a des gens capables de s'adapter et d'autres non, je n'y peux rien* ».

Cette conception de la performance s'appuie donc sur des « valeurs poursuivies » (s'adapter, innover) au fort pouvoir impulseur des comportements individuels. Il ne s'agit pas seulement de franchir une ligne (des énoncés d'objectifs), mais d'être en capacité de jouer un jeu d'évolution propre à un métier : s'adapter à des rythmes de l'activité impossibles à probabiliser et à des sollicitations d'équipes aléatoires qui sont la marque de l'efficacité – et non celle de la désorganisation.

Parce qu'elle n'a plus d'énoncé limitatif et clair (un nombre de jours à facturer par an, par exemple), la performance du travail s'appuie en priorité sur le registre des valeurs ; valeurs dont les dimensions incantatoires mais également symboliques détonnent avec l'univers plus ordonné de la gestion de production. D'autres procédures doivent cependant émerger pour que ce type de performance puisse s'établir dans la durée. En effet, les acteurs ont besoin « *d'heuristiques et de routines qui simplifient le processus de décision* » (March et Simon, 1993)[1] ; ces repères ou « *institutions compensatrices* » (Cohendet, Diani, 2003) n'étant pas de l'ordre des contrats explicites – on le voit maintenant nettement – mais plutôt de l'ordre de « *repères tacites* » (Polanyi, 1967)[2] plus ou moins portés par une culture d'entreprise ou une hiérarchie. Cette culture d'entreprise englobe « *l'ensemble des repères conventionnels tacites (routines, normes, conventions, connaissance commune, etc.) qui guide le comportement des agents. Dans ce processus collectif, l'identité des agents, leurs intérêts, leurs projets, leurs attentes, prennent forme et consistance dans les interactions qui se développent* » (Callon, 1999).

La performance du travail prend donc en définitive une figure très éloignée de celles produites par les standards de l'approche gestionnaire reproduits par les textbooks. Tout se passe comme s'il était devenu impossible, inutile, voire

---

1 March J.G. et Simon H.A. (1993) « Organizations revisited", *Industrial and Corporate Change*, Vol. 2. p 312.
2 Polanyi M. (1967) *The Tacit Dimension*, Doubleday, New York.

absurde, de chercher à construire finement la performance globale de l'organisation et la contribution du facteur travail qui lui est jointe. Enoncés par des combinatoires de critères, les « *balisages* » de performance sont nombreux, variés et pas toujours très explicités. Ils participent d'une « *convention de balisages* » couramment admise et assez sensiblement différente d'un règlement de performance : ces critères sont proposés pour être dépassés par le salarié. Mais, la performance du travail ne se limite cependant pas à la satisfaction de cette dynamique de dépassement : la capacité de l'individu à s'adapter, seul ou collectivement, au flou (du produit et/ou du marché) est également réclamée. Pour cela, un registre de « valeurs » ou « représentations sociales » est indispensable, voire essentiel, pour que les individus puissent former leurs interprétations et comportements en matière de performance.

Plus l'exercice du travail réclame d'autonomie et de responsabilité, plus l'énoncé de ses performances se transforme donc en « fiction nécessaire » et donc, mobilise des « valeurs » à poursuivre (s'approchant de conventions de type 1) : chacun considère qu'il s'agit d'un impératif intangible et fédérateur sans pour autant pouvoir se reporter à une mesure simple (un chiffre) ou une signification (pourquoi atteindre ce(s) chiffre(s) ?). Par contre, la non-réalisation de ces performances alerte, immédiatement, différents niveaux de l'organisation productive qui ne manquent pas de retrouver les réflexes plus connus de la sanction par une autorité. Mais, comment peut-on décréter que quelque chose qui n'est pas codifié n'est pas atteint ?

CHAPITRE II
LE MANAGEMENT DE LA PERFORMANCE : LA MISE EN GROUPE POUR GERER COLLECTIVEMENT LE TRAVAIL

L'irruption massive de la performance dans la gestion de la production et du travail ne se résume pas à un changement dans la manière de construire les objectifs de performance attendue et de les divulguer dans une organisation. L'adoption de « principes supérieurs » (Convention 1) censés appuyer la réalisation d'énoncés de critères sert à « donner l'allure » d'une performance du travail que l'organisation élabore, période après période. Cette construction n'a de sens véritable que si elle se déploie à travers des logiques opératoires qui permettent l'établissement d'une coordination véritable des acteurs de la performance. C'est d'ailleurs l'articulation de ces deux dimensions de la performance (construction et management) qui peut donner de la cohérence à l'entreprise et au travail (Cf Introduction du chapitre I).

Le premier chapitre du texte montre que la performance se conçoit davantage comme une satisfaction à des valeurs que comme un simple édifice rationnel et normé. Le management (chapitre II) et l'évaluation (chapitre III) de la performance constituent la seconde face de la performance (face 2 présentée en Introduction du texte), dans laquelle des principes de coordination sont également élaborés. Ces derniers relèvent à la fois de la définition de « contextes communs » mais aussi de conventions de comportements au travail. Ces conventions ne relèvent pas, là encore, de règles individualisées, énoncées en détail et systématiquement vérifiées.

Ce deuxième chapitre développe deux idées. D'abord, un renouvellement des modalités de gestion de l'activité et du travail s'avère en fait indispensable : si le modèle de déclinaison d'objectifs du « haut en bas » donne un cadre général de l'admissible, de « *nouveaux dispositifs managériaux* » (Gollac, 1996) sont nécessaires, d'une part à la précision de ces objectifs en vue de leur opérationnalisation mais surtout à la mobilisation des moyens humains et organisationnels pour y parvenir. Ce renouvellement s'accompagne d'un souci de dépouillement procédural et appelle à une contribution plus importante du salarié : la contribution de l'individu. Le statut de cette contribution est schématisé dans un premier point (I).

Concrètement, c'est la mise en « *groupe-agrégat* » [qualifié par nous MR] qui constitue, ensuite, le mécanisme de coordination des acteurs visant à assurer la réalisation de la performance dans la durée. Ce type de groupe se met en place en réponse à « un travail à faire » et s'institue à partir de quelques « règles de fonctionnement », à la fois suggérées et minimales : ces règles se présentent sous la forme d'une « *convention de comportements en groupe* » [qualifié par nous MR]. Cette convention fait l'objet du point (II). Parce que les savoirs ne sont pas seulement stockés dans un « *répertoire de routines* » (Nelson et Winter, 1982), le développement des connaissances professionnelles est ici recherché par la mise en œuvre de ce type de groupe qui entretient de fortes parentés avec la notion de « *communauté* » (Cowam, David et Foray, 2003).

DE NOUVELLES DOCTRINES DE GESTION DE LA PERFORMANCE

C'est la manière de prescrire, au sens de dire « pratiquement », et de manager la performance, c'est-à-dire de mettre en oeuvre le travail, qui semble de prime abord connaître les évolutions les plus signifiantes. Le mécanisme organisationnel qui permet de gérer la performance fonctionne selon deux séquences que l'on peut, dans un premier temps, énoncer schématiquement.

Séquence 1.

Une gestion par objectifs qui dit rarement son nom.

Bien connue dans les entreprises depuis O. Gelinier, une « gestion par objectifs » – d'ailleurs jamais énoncée sous ce vocable dans nos enquêtes – déplace clairement la prescription du travail sur les résultats qui lui sont assignés. L'analyse des « *nouvelles formes d'organisation* » engagée depuis le début des années 1990 [Mahieu, (1994), de Conninck, (1991)] explique en détail les « formes » qu'induit ce déplacement et les outils qui les installent (travail en équipe, relations horizontales, équipes autonomes, etc.) : recul de la programmation, diminution du degré de formalisation des règles, implication des salariés en vue de réagir aux modifications des conditions de la production (Francfort et allii, 1995)[1].

Une conséquence immédiate de cette évolution est de s'éloigner des contraintes techniques du travail : les notions de procédures de travail ou de guide de travail n'existent pas et les fiches de poste sont tellement vidées d'un contenu technique qu'il est difficile d'y trouver une aide sur la manière de « faire le travail ». Malgré des processus de normalisation ISO, le « retour » du contenu technique du travail par la « *formalisation explicite de toutes les tâches* » est peu vérifié dans le cas du travail hautement qualifié – hypothèse défendue en économie et en sociologie industrielle (Grenard, 1996).

Bien que des fiches de poste soient, dans les deux entreprises observées, encore élaborées à partir d'une application de job cotation (dont la méthode Hay est l'exemple

---

1 Francfort I., Osty F., Sainsaulieu R. et Uhalde M. (1995) *Les mondes sociaux de l'entreprise*, Desclée de Brouwer, Paris.

le plus repris), c'est surtout avec l'objectif de donner une « *visibilité générale de l'organisation* » (relevé au sein des entretiens). Les fiches d'évaluation d'une mission sont, quant à elles, peu tournées vers ce versant d'analyse concrète des qualités du travail. Le point de départ est tout autre : ces dimensions techniques sont supposées maîtrisées et c'est plutôt une mobilisation du « sujet » (autonomie, initiative, implication, ...) qui est recherchée.

La notion de procédures de travail est, en pratique, reléguée au profit de démarches de mise en situation de qualités individuelles signalées par une antériorité professionnelle ou un diplôme. Dans les deux cas étudiés, l'appel à des jeunes diplômés issus de cursus universitaires bien identifiés constitue la modalité principale de recherche de compétences. Cela s'apparente clairement à une logique de « signal », au sens de la théorie du signal, dans laquelle l'obtention du titre signale une capacité générale (notamment celle de l'abnégation) et des aptitudes sans qu'il soit nécessaire de verser dans une analyse explicite des éléments de connaissance maîtrisés.

Cette mise en situation n'est pas plus formalisée, au sens où une programmation de ce moment serait proposée par l'organisation en vue de réduire des « zones d'ombre », de « *systématiser tous les savoir-faire formels et informels* » ou de « *capitaliser une culture orale de la production* » (Gorgeu et Mathieu, 1990). Cette mise en situation se fait par « agglomérations sans cesse renouvelées » de collectifs pour travailler : c'est ainsi que se constituent des collections plus ou moins ordonnées d'individus devant accomplir un acte collectif de travail. Cette faculté laissée aux « collections » de se construire, constitue un des moyens de réalisation de la performance[1] : c'est l'idée principale défendue par ce

1 L'étude des nouvelles configurations productives en construction montre cette volonté d'intégrer, d'emblée les modes de gestion du travail et les configurations de la production (Veltz, 2000). Les travaux sur l'innovation organisationnelle et la recherche de performance mettent en avant, par exemple, que la condition d'efficacité et de cohérence des « organisations productives » [Garrouste ed., (1997), Foray et Mairesse, ed. (1998)] tient à un « *passage du modèle de la qualification à celui de la compétence* ». En cours de réalisation, ce passage signifie, pour l'organisation du travail, un engagement des salariés qui repose davantage sur

deuxième chapitre consacré au management de la performance du travail. Du point de vue de la théorie de la firme, le processus s'apparente à ce que les évolutionnistes nomment « apprentissage »[1] : le développement des savoirs des membres produit un apprentissage organisationnel et de l'efficacité.

Renouvelées et relativement stables à la fois, ces « collections » d'individus distincts peuvent en effet être considérées comme « *un modèle d'interaction qui offre des solutions efficaces* » (Dosi et alli, 1990). Comme nous le montrons au point 2 de ce chapitre, la mise en groupe est peu construite selon des procédures d'essence hiérarchique et des finalités totalement prédéterminées : elle répond à des conventions de comportements qui visent à assurer une réalisation de la performance et modèlent de manière assez précise l'appartenance des individus à l'organisation.

Séquence 2.

La réquisition des compétences : recours face à l'incomplétude organisationnelle de la performance.

L'appel aux compétences des salariés réunis en « collections » vient donc comme un recours managérial pour combler les lacunes d'une gestion par objectifs – gestion immanquablement lacunaire. Les pratiques de gestion des

---

l'autonomie, l'initiative et les capacités d'apprentissage (Zarifian, 1988). Progressivement ce ne sont donc plus les caractéristiques *ex ante* de l'organisation et de l'architecture des postes de travail qui déterminent la position hiérarchique d'un salarié et le contenu de son travail. Ce sont plus les compétences de chaque salarié qui détermineraient l'emploi occupé sur le marché interne et l'évolution professionnelle. Pour être efficace, ce modèle de la compétence, qui s'appuie sur les apprentissages individuels et collectifs dans les entreprises -au sens d'Argyris, Schön et Bateson- suppose la mise en place d'une politique active d'élévation des compétences qui permette aux salariés de s'adapter aux changements. La viabilité de ce modèle implique, sur le moyen terme, une évolution des modalités de reconnaissance de leur contribution productive dans l'entreprise.

1 L'apprentissage peut être défini comme « *un processus par lequel la répétition et l'expérimentation font que, au cours du temps, des tâches sont effectuées mieux et plus vite, et que de nouvelles opportunités dans les modes opératoires sont sans cesse expérimentées* » (Dosi, Teece et Winter, 1990)

compétences s'apparentent davantage à une « réquisition » plutôt qu'à un véritable pilotage. Si cette gestion par les compétences comprend un système de confrontation des acquis des individus et des requis des postes – notamment lorsque les métiers ont une dimension technique avérée (entreprise de micro-électronique) – cet appui reste, en général, minime et lointain dans la gestion des affectations et des mobilités internes du travail qualifié.

Le management des compétences prend des formes idéalisées et éthérées : dans le cas d'une entreprise de conseil, des appels au « *respect des personnes, ... au plaisir de vivre de l'intense, ... de mener une aventure ... qui nous fait nous dépasser quotidiennement* » manifestent cette tendance. Loin de l'interprétation évolutionniste, l'entreprise n'est donc pas dans une situation visant à faciliter une sédimentation des routines qui soient de véritables « *actifs spécifiques* » (au sens de Williamson). Il s'agit plutôt d'une série de conventions, pour certaines très proches de la règle d'injonction, qui facilite un accomplissement général : la recherche de solutions en vue de l'efficacité. Ce que Nelson et Winter (1982) développent, déjà, sous la notion de « *routines dynamiques* » ou encore de « *search* » dans le cas de l'innovation : des comportements de quête, par nature risqués parce qu'incertains, faits d'essais et d'erreurs et toujours tournés vers la création de nouveautés. Naturellement, leurs justifications ne peuvent se trouver qu'*ex post*.

Un engagement du travail est ainsi obtenu par la mise en relation des objectifs à atteindre et des latitudes d'action laissées à l'individu pour réussir. Cet engagement est fréquemment ressenti comme une pression sur le travail que les acteurs eux-mêmes n'hésitent pas à qualifier de « *servitude volontaire* » (relevé au sein des entretiens). Cette situation confirme les résultats d'ensemble de Gollac et Kramarz (2000) et ceux, plus spécifiques, de Rallet et Walkowiak (2004) qui montrent que « *l'aptitude à développer des relations interpersonnelles tend à devenir une compétence-clé au sein de l'organisation du travail dont l'efficacité dépend en grande partie de la communication entre personnes* ».

La coordination dans le travail n'est plus seulement une coordination entre des tâches que l'on cherche à objectiver, mais entre des individus dépendants de leur capacité plus ou moins grande à coopérer, donc à échanger et à tisser des relations interpersonnelles[1]. Bien loin d'une division pensée du travail, le développement de groupes de « pairs » qui se saisit du travail est l'une des modalités de ce tissage. Si ces deux séquences du management de la performance sont visibles dès l'examen des procédures concrètes de gestion par les entretiens (comment se répartit le travail ?), elles s'appuient sur de nouvelles règles de management (c'est-à-dire d'agencement d'éléments) structurantes d'un régime de mobilisation du travail que le point suivant détaille.

LA GESTION COLLECTIVE DE LA PERFORMANCE : LE « GROUPE-AGREGAT » POUR TRAVAILLER, COORDONNER ET CONSTRUIRE L'ORGANISATION

Sur le plan des systèmes de gestion de la performance, une même panoplie d'outils émerge : ces outils sont plus des moyens mis à disposition – ou suggérés – en vue de la recherche d'efficacité que des procédures d'organisation et de conduites du travail. Dans les deux entreprises enquêtées, ils n'arrivent d'ailleurs pas à être complètement considérés, par les manageurs eux-mêmes, comme de véritables outils tant leur mise en place est peu formalisée.

Dans les deux entreprises enquêtées, une même constante émerge : le travail est conçu pour un groupe ou une équipe. Leur taille peut aller de 2 à 3 personnes à des dimensions nettement plus élevées, sans jamais dépasser 10 à 12 personnes. On constate que ces groupes ont une stabilité relative[2] : soit du fait de leur configuration par rapport à un

---

1 Veltz P. (2001) estime d'ailleurs que « *si l'efficacité est relationnelle, elle est intrinsèquement collective* ».

2 Cette notion de stabilité relative recouvre plusieurs dynamiques possibles : un noyau dur très stable qui associe, au fil du temps et suivant les missions ou projets tel ou tel sans souci *a priori* de poursuivre avec (c'est par exemple le cas, du « *modèle vivier* » des jeunes consultants : regroupés dans une salle de travail – plus de 15 -, ces derniers « *attendent* » que l'on vienne les chercher) ; un groupe constitué qui périodiquement évacue celui ou ceux qui « *posent problème* » et cherchent à les remplacer. Les logiques formelles de mises à l'écart sont rares. [italiques relevés au sein des entretiens]

projet ou une mission; soit du fait du caractère limité des contrats de travail de leurs membres (travail temporaire, CDD)

C'est à cette unité qu'est assignée une mission, ou des objectifs précis. Cette "unité" est d'emblée pensée en termes de "polyvalence" (même dans le cas où ils sont peu ou pas qualifiés), de "mobilité" afin de permettre toutes les micro-adapations (remplacement, appui momentané, ...). Ce travail en groupe installe une sorte d'auto discipline entre ses membres ; la pression du groupe, la pression « horizontale » est souvent évoquée, notamment là où le poids de la hiérarchie « verticale » est plus faible. Ceci va souvent de pair avec des éléments de rémunération dépendants des résultats du groupe. Ce fonctionnement de groupe a déjà été largement analysé par l'économie et la sociologie industrielle des années 1990 (Mahieu, De Conninck, Coutrot) dans le cadre du débat sur les évolutions post-fordistes.

Le fonctionnement de ce que nous qualifions de « groupe-agrégat » diffère nettement du « groupe » caractéristique des évolutions de l'entreprise fordiste [Cf. les 6 critères avancés par Mahieu (1994)], et notamment dans les modèles inspirés de la firme J. Il convient, en effet, de ne pas attribuer une intention managériale à cette « mise en groupe ». De plus, le « groupe-agrégat » ne laisse que très peu de place aux coordinations par le jeu, très souvent commenté dans la littérature (Ménard, 1997), de la motivation et de la sanction. L'hypothèse d'Aoki (1984) à propos de « *l'ostracisme* » s'avère, par exemple, trop réductrice dans le cas de ce type de groupe : outre le fait que l'ostracisme fonctionne dans des entreprises qui couplent une progression du chiffre d'affaires et des objectifs de maintien de l'emploi, le groupe n'a pas comme seule vocation d'imposer « *la valeur, prise par la pression que le groupe exerce sur tout participant qui tend à s'écarter significativement de la moyenne dans un système où le bonus et les primes sont attribués en fonction du rendement* ». Le groupe-agrégat ne peut se résumer à une règle d'incitation optimale parce qu'elle minimise le coût de coordination par rapport à une incitation par le contrôle et la supervision (Cohendet et Diani, 2003).

Le groupe-agrégat assume, selon nous, des rôles plus élaborés que ce soit en termes d'organisation du travail, d'engagements des individus ou de création de connaissances. C'est d'ailleurs ce qui le différencie d'autres types de groupes.

En empruntant à l'hypothèse fondatrice de March et Simon (1958) relative à la motivation des membres d'une organisation, le groupe-agrégat est à fois un lieu « *d'incarnation* » de valeurs générales de la société (hors entreprise) et de l'organisation comme « *système de valeurs organisé* »[1] mais aussi un canal par lequel l'organisation peut agir sur les engagements des individus – et cela bien loin de l'esprit des contrats. De plus, il a la particularité de ne pas résulter d'une action managériale explicite.

En ce sens, le « groupe-agrégat » est, selon nous, le cadre d'exercice d'une convention très proche d'un type 2 en matière de gestion de la performance ; convention qui « *a le pouvoir d'agir plutôt directement sur les comportements* » (Favereau, 1986 – p 263).

Là encore, un recours à l'ordre des « *modèles d'évaluation* » (type 1) et des valeurs vient aider à la formation des comportements des acteurs. Deux dimensions de cette

---

1 La conclusion du chapitre « *La cohérence interne de l'organisation : incitations, motivations valeurs* » de C. Ménard (1997) est très explicative de la montée du mouvement de coordination par le système de valeurs que la littérature repère. « *Dans un univers d'organisations économiques hiérarchisées, on ne peut retenir l'hypothèse d'agents poursuivant tous un objectif identique et unique. La complexité des relations d'autorité et la diversité des raisons, acceptées librement ou sous contraintes, qui conduisent à adhérer à une organisation, les conditions d'exercice des choix, une fois la participation assurée, oblige le théoricien à prendre en compte la multiplicité des motivations. Cette complexité ne signifie nullement une paralysie de l'analyse. [...] L'examen des procédures [d'incitations et les mécanismes qui leur sont joints] révèle combien leur efficacité est tributaire de la structure des motivations, c'est à dire de la façon dont celles-ci s'ordonnent pour les participants individuels mais surtout du point de vue des sous-groupes qui composent l'organisation. La culture d'organisation n'a d'autre fin que de fournir des supports symboliques et matériels à cet ordonnancement. En ce sens, elle contribue activement à structurer les motivations, et à les rendre compatibles, donc à coordonner les décisions et l'action des participants. C'est la conjonction de ces trois dimensions (mécanismes incitatifs, structuration des motifs et culture interne) qui donne à l'organisation économique sa cohérence. On résumera ce principe de cohérence en disant que l'organisation forme un système de valeurs* » (pp 80 et 81).

« *convention de comportements en groupe* » se complètent pour, d'une part, construire et faire fonctionner ces groupes (I) et, d'autre part, générer une production (II).

La mise en « groupe-agrégat » : une gestion de l'adhésion des individu

Le management de la performance suggère la « mise en groupe ». Cette mise en groupe n'est pas une production univoque, programmée et totalement intentionnelle de la direction à l'adresse de zones subordonnées : sur le marché interne de l'entreprise, il ne s'agit pas d'une règle de type « *ordre direct* » ou « *injonction* » (Piore, Doeringer, 1971). Personne ne dit explicitement, par la voie de l'autorité, qu'il convient d'opérer cette mise en groupe ni comment la réaliser. Il s'agit plutôt, face à un contexte d'incertitude sur le choix de modes pertinents d'exécution du travail et de flou à dimensions multiples, de laisser libre cours à des regroupements et aux « envies » des acteurs qui peuvent, du fait de motivations diverses, choisir d'impulser tel ou tel groupe. Bien évidemment, des contraintes d'assemblage des qualifications – savoirs – des individus limitent l'apparition de jeux totalement aléatoires. Mais, hormis quelques impossibilités qui sonnent comme des négations de l'organisation (travailler systématiquement avec des membres d'autres divisions fonctionnelles), le jeu est libre : il constitue un mode d'association de « talents » manifestant indifféremment des envies de travailler ensemble, de promouvoir tel ou tel, de récompenser d'une performance plus ancienne, d'initier à un nouveau challenge, de rompre avec des monotonies, de répondre à des aspirations, etc. Rien n'est interdit, rien n'est obligé, mais chacun doit comprendre qu'il doit se « *trouver un groupe* » (relevé au sein des entretiens).

La capacité à se mettre en groupe s'apparente à une compétence attendue du travail ; compétence qui, de fait, joue un rôle de mécanisme de coordination. Trois enseignements théoriques se dégagent.

1. Cela rejoint, d'une part, les conclusions de H. Mintzberg (1982) qui considère, que dans certains cas (le cas de la mise en relation du médecin et de l'anesthésiste), c'est la qualification qui est le mécanisme principal et exclusif de la coordination – à l'exclusion des formes de hiérarchie. En effet,

le travail à haute qualification incorpore à la qualification une capacité à se coordonner.

2. D'autre part, cette modalité de constitution rejoint, très clairement, la thèse débattue en économie industrielle à propos de la nature de la firme. Dans le cadre d'une économie fondée sur la connaissance, cette dernière pourrait s'analyser, non plus seulement comme « *nœuds de contrats* », mais comme « *assemblage de communautés privilégiant l'échange coopératif volontaire* » (Cohendet et Diani, 2003 – p 697). Les observations rapprochées valident assez nettement la thèse d'une coordination des acteurs peu basée sur des logiques contractualistes, et en particulier proche du modèle de l'agence.

3. Cela conduit, enfin, à installer un modèle d'identités professionnelles plutôt « affinitaires » selon la définition qu'en donne C. Dubar ou, plus précisément encore, R. Sainsaulieu[1]. En supposant que les salariés puissent prétendre à des carrières très évolutives en termes de promotion – ce sont les cas ici étudiés – le mode de « *relations professionnelles est sélectif, par affinités, c'est-à-dire limité à certaines personnes peu nombreuses qui ont des relations fortes (réseau de collègues) ou stratégiques (chef hiérarchique avec des relations bilatérales – plutôt non autoritaires)* ». Le travail est alors valorisé comme lieu d'opportunités personnelles, dans le cadre d'un réseau affinitaire mobilisé au service d'une réussite personnelle : le jeu est collectif et la coordination se fait par la recherche d'alliances.

Ce « groupe-agrégat » n'est donc pas réductible aux groupes « collectifs » tels que les travaux en termes de convention fordiste les présentent. L'image d'un agrégat de professions libérales est plus fidèle. En outre, il ne peut non plus être assimilé aux différentes formes de « *groupes hiérarchiques* » (Wenger, 1998) : les groupes de projet organisent en effet l'appartenance par la hiérarchie de l'organisation de sorte que se pose en permanence, à l'intérieur de ces groupes, les problèmes d'incitation pour maintenir l'adhésion au groupe. Extraites des entretiens, plusieurs situations de gestion du travail sont analysées en profondeur pour expliciter le fonctionnement spécifique de cet agrégat et

1 Cf. Fancfort et alii (1995) op.cit.

sa contribution à l'obtention de la performance du travail : le management et l'organisation du travail des consultants juniors débutants (i) et le rôle des dispositifs d'affiliation (ii) montrent l'importance du recours à l'implicite (avec son langage) et aux valeurs pour gérer l'adhésion des individus au groupe.

(i) En reprenant un travail initié par Y. Clot[1], un relevé attentif de l'enveloppe langagière du travail au travers du jeu des métaphores utilisées donne un moyen d'accès privilégié à l'expérience « réelle » de travail dans le « groupe-agrégat » – ici le travail dans le cabinet de consultants. Il est supposé que le tissu conjonctif du langage n'est pas seulement un ornement ou un décor pour le travail. Il est le plus souvent un moyen de travailler, d'organiser, de gérer, de prescrire ou de suggérer les conduites et les activités. Bien qu'implicites, ces prescriptions n'en circulent pas moins au moyen du langage, des images, définissant le champ des obligations partagées avec lesquelles chacun s'explique, dans tous les sens du terme[2]. Plus encore, ces prescriptions s'apparentent dans le champ de l'économie et de la gestion, aux « *symboles* » (i.e. « *ensembles d'objets ou d'évènements qui fournissent un sens commun à l'action des membres de l'organisation* ») qui composent une culture d'organisation [Robey (1986), Schein (1985)].

En auto-confrontation des points de vue (méthode de l'intersubjectivité), le vocabulaire utilisé dans le groupe des consultants juniors débutants (-de deux ans d'ancienneté) à l'occasion d'un échange entre eux a été extrait des entretiens collectifs de type 2 [présentés méthodologiquement en

---

1 Clot Y. (2002) « Psychologie et travail : des incidences mutuelles », dans Bartoli, Clot, Davezies, Escande-Varniol, Paulin, Rocca et Triomphe « *Travail et performance : quelle maîtrise d'un travail mis sous tension ?,* Programme *« Transformation du travail, performance économique et statut de l'emploi »* [dir. F. Gaudu] Ministère de la Recherche, novembre, 312 pages.

2 Il faudrait même, au delà, prendre très au sérieux – dans un champ professionnel comme celui ci où le service est central, où les manières de dire les choses au client contiennent directement la valeur ajoutée de la mission – la fonction du langage comme organisateur de l'action. Mieux, il faudrait mesurer toute la portée de l'élaboration symbolique de l'activité au travers des mots, bien sûr, mais également au travers des codes de la relation aux autres, qu'ils soient clients, collègues ou supérieurs.

annexe]. Les passages analysés concernent l'usage concret des feuilles de temps, des "point job" (feuilles de synthèse d'une mission) ou des évaluations annuelles avec les « coachs ». Cette analyse est très révélatrice des valeurs mises en jeu. Ce vocabulaire montre comment les valeurs servent à se comprendre et à se coordonner tout en engageant des actions conformes aux attentes, mêmes suggérées, de performance.

On trouve d'abord la métaphore des "couloirs". Ces derniers sont au nombre de deux. Celui qu'on suit si on est la femme ou l'homme des missions « *reçues et confiées au hasard* » (relevé au sein des entretiens collectifs dans le groupe « consultants juniors ») du *staffing* ; et celui qu'on prend *« soi-même* » grâce à ses propres « *capteurs ».* Ces derniers sont les meilleurs atouts dans un milieu « *désorganisé* » fondé sur l'initiative individuelle. Dans le deuxième cas, on parle alors de « *couloir aspirant* » qui permet d'entrer dans la « *course aux associés* » (ou promotion en tant que dirigeant). Dans cette course, « *on est censé se trouver du travail tout seul* » afin, à terme, de « *nourrir un associé* ». Car, « *pour faire partie de la famille, il faut être managé avant de devenir manageur* ». Rien là d'évident puisque le « *mystère se dévoile lentement* » à qui sait interpréter les attendus sans le secours d'un référentiel tout en pénétrant les secrets d'une « *évaluation occulte* ».

L'inversion de la charge de la preuve est net : le collaborateur doit faire la preuve de son efficacité en comprenant le système qui l'entoure et les valeurs qui lui donnent forme. Sa participation et son engagement dans le groupe-agrégat n'est pas une réponse à un énoncé préalable des règles du jeu : ces dernières se découvrent par auto-résolution en « *jouant le jeu* ». Etre capable de les comprendre constitue une indication d'appartenance à l'organisation ou de « *socialisation* » réussie selon l'expression de C. Ménard.

Dans cet univers implicite et imagé à la fois, l'exemple de « la métaphore des couloirs » signifie clairement que la coordination n'incombe pas à l'organisation mais se joue dans un acte volontaire et non prescrit de celui qui doit deviner le fonctionnement du groupe-agrégat. L'incitation se joue dans « l'ascension du couloir à l'association », l'autre couloir marquant un contexte de performance « juste admissible ». Dans le cas de l'entreprise de micro-électronique, le couloir aspirant est, trait pour trait, remplacé par « *le départ vers des sites aux Etats-Unis* ». Les tris de la main d'œuvre sur le marché interne s'en trouvent simplifiés du même coup (Béret et Dupray, 1998).

Très intégratif, ce « groupe-agrégat » ne semble donc pas pouvoir supporter, en apparence, « *la crise de famille* ». Compte tenu « *d'une culture égalitaire d'évitement du conflit* », le groupe vit sur une « culture du oui dans laquelle le non est mal vu » puisque « *on s'arrange en famille* ». Du coup « être performant » – c'est là une attente vis-à-vis du travail – « *c'est éviter le conflit à l'externe comme à l'interne* ». « *Bien s'entendre va au delà d'un geste professionnel réussi car cette culture sert aussi à rester* ». L'agrégat remplit donc, à des niveaux très décentralisés, différentes fonctions générales, et en particulier, les fonctions d'adhésion aux valeurs de l'organisation et d'harmonisation des motivations et des comportements. Comme le montre Dahl (1984), cet agrégat permet d'obtenir l'apaisement, la normalisation et une « *relative intériorisation des règles de comportements* ». Cette « culture du oui » va, en fait, bien au-delà. Elle permet de construire une organisation dans laquelle les compétences se coordonnent sur la base d'une règle quasi-explicite (et énoncée dans les entretiens) : une fonction « *support* » (secrétariat, informatique, etc.) ne peut dire « *non* », sans conséquences, à une fonction qui « *crée de la valeur* » (un consultant ou un manager de projet).

(ii) Parce que cette « crise » ne peut s'installer, un fonctionnement de type groupe-agrégat, des attentes en matière de conduite sont suggérées en vue d'une affiliation en « *douceur* » (relevé au sein des entretiens) : le pot du vendredi soir (fin de semaine et retour au siège), par exemple. S'il n'est pas question d'obligation de participation (une règle, au sens défini en Introduction), c'est néanmoins là qu'on « *ressent le plus l'esprit des lieux et qu'on peut y apprendre en partie son métier dans l'échange avec les collègues* » (relevé au sein des entretiens). Il est « *utile de s'y faire voir* » (relevé au sein des entretiens) : la présence à ce petit événement hebdomadaire est l'un des dispositifs symboliques du jugement informel. C'est l'un des signes qu'on fait – ou ne fait pas – pour prendre sa place dans « *l'histoire de l'entreprise* » (relevé au sein des entretiens). Certes l'absence n'est sûrement pas rédhibitoire si elle n'est pas systématique. Mais, si elle le devient trop tôt dans la carrière, elle peut se trouver interprétée, verticalement (les associés) et horizontalement (le groupe), comme le choix d'un couloir entre les deux qui s'offrent. Et nul n'est censé ignorer cette interprétation possible. Même si ce type d'évaluation n'est jamais qu'un signe de plus de l'engagement requis, dans cette entreprise de conseil, les signes comptent. Ce « pot » incarne ce que Trice et Beyer (1984) identifient comme des procédures « *rituelles* » -ici, le rite d'intégration- qui ont une finalité très économique : agir sur une convergence des motivations, une adhésion aux valeurs tout en réduisant très nettement le coût organisationnel de cette coordination. Plus le rite fonctionne, plus la perméabilité aux objectifs de performance fonctionne. Le rite « démasqué » par ceux qui sont censés en être les supports, et les divulgateurs à la fois, conduit à leur désenchantement et à une posture cynique qui est l'anti-chambre du départ de l'organisation.

C'est certainement là une autre formulation de l'idée d'affiliation en « douceur ». L'adhésion des individus est obtenue, en dehors de tout développement d'un discours managérial, par une harmonisation des motivations et des conduites jointes. Si les conduites sont en majeure partie suggérées, la « mise en route » de la performance du travail reste toujours le mécanisme indispensable et mystérieux à la fois. Cette « mise en route » n'est, en fait, pas déflorée dans ses rouages : elle est, de manière endogène, confiée aux compétences des individus du groupe et ses « *traces* » [souligné par nous MR], sont scrutées et assorties d'éventuelles sanctions.

Au-delà des dimensions fusionnelles que laisse transparaître le langage, le but ultime de ce type de groupe est clairement de garantir l'obtention de la performance (et cela bien au-delà des formalisations les plus poussées de l'acte évaluateur). Les associés-dirigeants ne manquent d'ailleurs jamais de mentionner que les consultants

> « *doivent donner à voir leur engagement car la différence se fait là* ». Mieux, « *c'est sûr que celui ou celle qui vient au pot du vendredi soir, en témoignant ainsi de son engagement, fait plus partie de cette entreprise de conseil que celui qui fait sa mission et pose son stylo* » [...] « *Poser son stylo après sa mission est donc aussi un signe* ».

Car dans cette entreprise, « *on progresse ou on sort* ». Une fois admis ce critère d'observation, extrêmement symbolique et binaire à la fois, qui s'attache aux « *traces de l'engagement en faveur de la performance* » [souligné par nous MR], il n'y a plus aucune raison d'entrer en conflit sur la conception de la performance attendue et sa vérification. On est tenu de donner toutes les preuves de son engagement si l'on veut disposer d'un avenir dans l'entreprise : cet engagement a pour objet l'organisation elle-même ; même si, bien sûr, il ne saurait négliger le travail auprès du client.

En définitive, ce management de la performance dévoile, un peu plus, ses principes de coordination.

* Premièrement, l'engagement de soi est sans détour privilégié aux structures (d'organisation de la production ou de gestion des ressources humaines) pour faire face aux aléas du métier sur un marché volatile :

> « *Le métier est très récent et instable. C'est flou, très obsolescent. L'organisation du travail reflète l'objet du travail. Du coup, on ne croit pas que la performance se mesure à court terme sur chaque mission* ».

Renvoyant à une conception floue déjà détaillée (Chapitre I), la présence de ce culte de l'instable et de l'implicite est très partagé par les dirigeants ou par ceux qui composent et font vivre ces groupes sur un type groupe-agrégat. Un dirigeant estime d'ailleurs que

> « *La noblesse de ce métier c'est l'instabilité* » et, il y ajoute une croyance associée : « *la performance est dans l'implicite et la connivence* » [...]. « *On n'explicite que sous la contrainte en sachant que toute explicitation réalimente et développe un nouvel implicite* ».

Cette obligation de connivence est sans doute l'un des ressorts de la « *culture du oui* » déjà décrite. Fonctionnelle, cette culture garantit l'adaptation à une flexibilité structurelle du marché sans s'encombrer de charges et de viscosités organisationnelles trop fortes : perpétuelle, la mise en groupe suffit.

Deuxièmement, c'est clairement le respect des valeurs –ou conventions proches du type 1 – qui sert à coordonner les anticipations, plus que les actions elles-mêmes, des acteurs de la performance. La « *noblesse de la connivence* » – cultivée à l'occasion de rencontres hebdomadaires, par exemple- sert donc de ciment à l'organisation tout en favorisant l'adhésion. Mais la solidité des liens de « tous avec tous » ne semble jamais être un optimum unique dans ce type de management de la performance. Ce management n'a rien d'un œcuménisme béat : le tri est également poursuivi (et il est fortement ressenti par ceux qui adhèrent moins aux valeurs de l'organisation) avec son versant de sanctions.

Dans le cas de l'entreprise de conseil, le dispositif d'affiliation au groupe forme la structure sous-entendue de l'organisation du travail. Il est incontestablement la source de la mobilisation des « *jeunes talents* » (relevé au sein des entretiens) que l'entreprise recrute – dans l'entreprise, on parle aussi des « *nouveaux potentiels* ». Mieux, l'histoire de l'entreprise et de ses valeurs modernistes sont sûrement des ressources dans la trajectoire des juniors et des managers qui voient là l'occasion au moins d'une expérience, sinon d'une carrière. La question des limites de l'adhésion par l'obtention de rétributions strictement monétaires est ici sous-jacente [Okun, (1975), Akerlof, (1982)[1], Aoki (1984) et le thème de la « participation »] : l'organisation tranche clairement en faveur des signes d'appartenance et met en avant, les notions de « *rétribution par les valeurs partagées* ». Mais cette promesse de progrès constants si l'on reste, s'accompagne d'une épreuve permanente à soutenir afin de « *rester en vue » (relevé au sein des entretiens)* dans la perspective de l'admission dans le premier cercle : celui des éventuels ou futurs associés.

La question de la promotion professionnelle se gère donc en fonction de la capacité de chacun à démontrer son engagement au moins autant que sa performance. Le management du travail laisse donc affleurer deux lieux où l'évaluation de la performance se manifeste :

(i) Elle est donc évaluée pour chaque production – la mission – par un manager fonctionnel. Mené sur des formulaires, cette évaluation reste en pratique très frustre, peu technique et toujours très globale. « *On sait, au fond, si ça a marché* ... ». Au-delà, des guides existants pour remplir des fiches de missions, il faut « *aller vite et ne pas trop entrer dans*

---

1 Okun A. (1975) *Equality and efficiency: the big trade-off*, The Brooking institution, Washington. Akerlof (1982) "Labor contract as partial gift exchange", *The Quarterly Journal of Economics*, Vol. 97.

des détails dont on ne saurait quoi faire » [...] « *surtout si le groupe a bien marché* » (citations relevées au sein des entretiens).

(ii) L'engagement est par contre évalué transversalement par le gestionnaire de carrière qu'est le coach. L'affiliation repose en fait sur la concurrence et la compétition puisque les démarches du coach sont très comparatives : les consultants sont classés les uns par rapport aux autres et ce classement intervient directement dans les promotions et salaires, en termes de priorités.

Clot (2002) explique en particulier que pour le salarié, « *commence alors un deuxième travail, le travail d'affiliation. Et le paradoxe est sans doute que ce travail "second" réclame à celui qui s'y livre de redémontrer à chaque occasion qu'il est unique, incomparable* »[1]. Même si, bien sûr, on peut cumuler les rôles de manager et de coach, ces deux fonctions séparées semblent bien témoigner de l'existence d'un « double travail » pour chaque consultant : le travail de conseil auprès du client – le métier spécifique – et le travail particulier d'affiliation durable à l'organisation. A défaut de management de la production, c'est une conséquence d'un fonctionnement collectif du travail sur le mode du « groupe-agrégat ».

La gestion de la performance par l'organisation s'appuie donc conjointement sur deux volets. Le groupe-agrégat est donc capable, à côté des fonctions « adhésion » et « harmonisation », de produire celles de « sanctions » et donc de « tri ». En ce sens, on comprend la thèse de Lerner et Tirole (2001) qui considère, à travers l'idée de « recherche de réputation », qu'il ne peut exister de coordination efficace dans un groupe sans quelques mécanismes d'incitations individuels de forme hiérarchique (obtenir un statut d'expert reconnu).

---

1 Toujours selon Clot (2002), « *D'où sans doute les équivoques de la complicité qui constitue un élément très visible de la culture de l'organisation. Cette connivence apparaît davantage comme « une procédure requise » que comme une attitude réellement construite par les consultants sur la base de leur métier. Il n'est d'ailleurs pas sûr que cette connivence ait le travail réel de la mission comme objet. Il semble plutôt que son centre de gravité soit le travail « second » : le travail d'affiliation interne qui enveloppe le métier de consultant sans forcément le développer* ».

La production du « groupe-agrégat » : une gestion des savoirs et de la connaissance

Cette mise en groupe volontaire et incitée par le maniement de valeurs est donc sensiblement différente du « groupe-projet » défini par C. Midler[1]. Elle n'en est pas moins une modalité avérée de recherche d'efficacité. Des principes de fonctionnement, même très implicites, sont avancés par l'entreprise pour initier un fonctionnement non aléatoire de ce groupe et lui donner un objet sur lequel faire porter la coordination, et plus encore, la coopération. Dans le cas d'un travail qualifié et très autonome : le *knowledge management* est un de ces objets, qui semble pouvoir, malgré des difficultés inhérentes à tout système émergeant, remplir plusieurs nécessités de coordinations face à l'acte de travail à réaliser. La coordination se joue donc ici (2.2.2.), sur des « éléments du travail » et non plus sur l'ordonnancement des relations d'acteurs au travail (2.2.1.).

Selon la théorie de la firme proposée par les textbooks, la gestion de l'information est vue comme une clé essentielle pour l'atteinte des résultats, comme le montre par exemple Aoki à travers la notion de « *structure d'échange d'informations* » qui permet une efficience supérieure dans le cas de « la firme en J ». Comme le rappelle Coriat et Weinstein (1995, p 148)[2], cette gestion – que l'on trouve déjà chez Chandler – vise un même objet conjoint : « *l'analyse des modes de division du travail et l'allocation des tâches, d'un côté, les modes de coordination entre tâches ainsi divisées et allouées, de l'autre* ». Les travaux plus récents sur l'économie de la connaissance considèrent plus particulièrement que la production et le développement de nouvelles connaissances sont plutôt réalisés par des structures informelles et des différentes formes de communautés que la firme doit rendre cohérentes dans leurs interactions (Brousseau, 2001). La

---

1 Le « groupe-projet » de C. Midler met en avant une forte anticipation rationnelle en vue de l'innovation ; anticipation qui ordonne des qualifications, un objectif formalisé et une structure préétablie de hiérarchie.

2 Coriat B et Weinstein O. (1995) *Les nouvelles théories de l'entreprise*, Le livre de Poche

gestion de la connaissance est censée favoriser la coordination du travail en faisant le pendant du mode de division du travail que représente « la mise en groupe-agrégat » discutée ci-dessus.

Dans les deux situations d'entreprises observées, cette gestion a une face concrète assez simple : un système de collecte d'informations. Une base de données est alimentée par des informations qui sont d'ordre technique ou commerciale et qui relèvent de transmissions de savoir-faire, d'explications des décisions prises, d'arbitrages réalisés et de bilans d'activités[1]. Il s'agit là du point de départ et de la face visible à la fois : l'information comme élément tangible mais surtout comme ressource « créée » par tous, plutôt documentaire et brute. La coordination se manifeste, sur ce plan, par une gestion de l'information « concrète » et prend des formes diverses au gré des innovations ou modalités de gestion que chacun apporte : communication d'informations par notes écrites ou mails ; réunions régulières, ou entretiens avec les managers directs ; échanges d'informations informels au moment des pauses et des repas, des pots de fin de semaine, ou encore dans le couloir ; volontés de capitaliser les savoirs et les pratiques au moyen de banques de données censées être alimentées par tous et accessibles à tous. Cette gestion « des » informations marque une forte volonté d'échange à propos d'innovations organisationnelles. En ce sens, la gestion des connaissances se construit comme « conduite du travail » en articulant les individus à la collectivité : une « *co-habitation d'espaces individuels et d'un espace partagé suit une problématique d'articulation de données « privées » et de données « collectives » et redéfinit un collectif de travail, une communauté de pratique ou d'intérêts* » (Guyot, 2004).

Les développements contemporains de l'économie industrielle considèrent, assez généralement, que les coordinations s'appuient, de plus en plus, sur une gestion de la connaissance (Cohendet et Llerena, 1999). Dans ce cadre, une hypothèse se précise quant à l'explication de la coordination :

---

1 En privilégiant la définition donnée par B. Guyot (2004), on peut dire que « l'information est une forme stabilisée résultant d'une intention de formalisation et donc de mise en ordre, c'est-à-dire possédant un puisant principe organisateur ».

les coordinations entre acteurs se joueraient, non plus seulement en termes de marchés et de hiérarchie, mais aussi en termes de « *communautés intensives en connaissances* » qui, par leurs agencements, constituent l'organisation (Baslé et Diani, 2004). L'étude des règles en matière de management de la performance du travail se déplace dès lors vers le champ de la gestion et de la coordination des savoirs : comment cette gestion de la connaissance participe-t-elle à l'édifice des règles de la performance ?

Plusieurs points émergent des observations rapprochées des deux situations d'entreprise. Cette coordination « par » la connaissance ne doit pas être hypertrophiée dans les cohérences qu'elle est capable de porter. Elle ne remplit, en fait, ni totalement le rôle qu'on lui prête (i), ni seulement ce rôle (ii). Trop sommaire et détachée d'une gestion par l'encadrement, cette coordination « par » la connaissance se montre insuffisante pour stabiliser un fonctionnement de type groupe-agrégat (iii), voire propice à l'exercice de jeux stratégiques relativement pervers pour l'obtention d'une performance sur la durée (iv).

(i) La transmission de la connaissance se heurte d'abord à deux difficultés importantes qui limitent l'envergure de son rôle de coordinateur : premièrement, la faible capacité du management à arbitrer et à expliquer les décisions prises. Les entretiens font tous état d'une gêne du management, parfois d'une fuite et donc d'une frustration souvent forte des managés, sachant que le management n'a pas toujours eu l'ensemble des éléments permettant d'expliquer telle ou telle décision. La gestion par la connaissance ne permet pas de « tout régler » des zones de flou. Deuxièmement, la transmission des savoir-faire reste, dans le cas de la gestion de la performance précédemment discutée, très problématique. Dans des métiers où le professionnalisme est en cours de construction, où le bagage de savoirs lié à une formation longue est très important, les tentatives de capitaliser les pratiques, parfois très sophistiquées, se heurtent inévitablement à une résistance passive des salariés si ce n'est à ce que Bowles et Gintis (2000) nomme « *le renfermement paroissial* » (discrimination, autisme, vengeance, etc.).

(ii) Si la gestion collective du savoir relatif au métier – et donc aux savoirs de chacun – ne semble donc pas, toujours se faire sur un mode idéal privilégié par la littérature économique consacré aux « communautés » (« tout le monde dit tout à tout le monde »), elle remplit néanmoins des rôles seconds de coordination ; des rôles que l'on n'analyse pas souvent.

Premièrement, cette gestion de la connaissance a un réel rôle pédagogique relatif à la compréhension des conséquences du « *changement organisationnel permanent* » [Pesqueux, (2005) – introduction] : il s'agit de montrer, dans ce mouvement perpétuel de dépassement d'objectifs de performance plus ou moins flous, que la recherche d'efficacité de l'organisation tient toujours, au-delà de quelques critères chiffrés, « *dans ce qui n'est pas programmable* » (Rallet et Walkowiak, 2004). Ce qui est mis en commun à un moment donné résulte des échanges inter-personnels qui produisent la performance, tout en sédimentant, par la même opération, ce qui est déjà « *un passé pour l'organisation* » (terme relevé au sein des entretiens). D'autres échanges seront nécessaires pour pouvoir suivre ce changement.

Deuxièmement, la tentative – malgré la faiblesse des avancées – de gestion collective centrée sur le savoir traduit une prise de conscience de la fragilité du mode de division du travail imaginé. Il y a de réelles difficultés à capitaliser les caractéristiques de métiers qui reposent sur des agglomérations de personnes très qualifiées et recrutées comme telles (le signal des diplômes les plus côtés est, en effet, la modalité unique de construction de la division du travail). C'est plus un rôle de stabilisation de la collectivité que de « fusion mirifique » des connaissances de chacun, qui se manifeste : cela passe par un degré d'échange minimal de connaissances en vue de l'apprentissage collectif du métier – et de sa transmission éventuelle. On est donc assez loin de l'hypothèse de la connaissance comme « *bien public* » (Foray, 2000), mais plus près d'une conception de la connaissance comme visibilité de la complexité de l'organisation et de ses modes de résolution des relations entre les membres. L'hypothèse du « *point focal* » de Krepps (1990) semble plus adaptée : à défaut de repères extérieurs donnés pour exercer le travail, l'échange minimal de connaissances s'analyse comme une production spontanée fournissant un repère collectif reconnu qui permet aux acteurs d'éviter des spéculations hasardeuses et donc de rester dans un champ d'anticipations convenables.

Dans le cas des métiers de consultants par exemple, c'est autour des « *infos métier* », des manières de faire et des pièges à éviter sur le terrain que s'organise ce cadre plus modeste – ou le point focal – de gestion des connaissances : le support intranet n'est que l'instrument technique de cette gestion. *« Les consultants sont propulsés seuls. Ils sont en droit d'être épaulés ».* Pour ce faire un outil informatique de collecte et de circulation de l'expérience est utile. C'est une sorte de « collecticiel » à quatre fonctions : 1) repérer qui sait quoi, 2) cataloguer dans une revue de mission les outils utilisés (ouvrages, par exemple), 3) faire vivre le groupware comme une téléphonie avancée, 4) documenter les axes de développement du cabinet en cherchant à lister, dans une rubrique, les thèmes d'intervention qui apparaissent. C'est là un nouveau travail qui est ainsi demandé aux consultants. On l'évalue, pour chaque mission, tous gestes cumulés, à une journée par personne. Ce travail est signé et daté afin de valoriser celui qui le produit.

Il y a donc une incontestable contribution à la coordination par la coopération semi-volontaire des acteurs dans ce processus qui va dans le sens de la construction d'un métier : en l'absence de procédures de travail, la gestion qui est faite de la connaissance témoigne d'une recherche d'aide au travail. Mais est-elle possible et suffisante pour donner une cohérence au management de la performance du travail ?

(iii) Pour qu'une coordination puisse se faire, des « *normes de coopérations* » entre acteurs (Bessy et alii, 2002) sont indispensables (Eymard-Duvernay, 2004). Ces normes s'avèrent en fait très difficiles à installer par le seul moyen de coordination qu'offrirait la connaissance. En effet, l'efficacité d'une coordination tient, en premier lieu, à une volonté de coopérer – donc à des conditions qui le permettent.

Or, le dispositif technique en construction pour gérer la connaissance *« n'est jamais que le vélo et il faut des coureurs pour qu'il roule. Et il faut fournir des raisons pour y monter »* (relevé au sein des entretiens). Visiblement ce n'est pas là chose évidente. En effet, cette activité nouvelle, en accès libre, est l'objet d'une élaboration métaphorique des acteurs très significative :

> *« c'est un festin où on apporte pour consommer et le risque c'est le passager clandestin qui consomme sans rien apporter. Contre les égoïsmes cachés, on ne peut couper le robinet. Le problème c'est d'éviter la starisation de certains consultants sur des sujets dont*

ils deviennent du coup propriétaires, en bouchant les canaux de circulation de l'expérience ».

Cette « *rétention personnelle* » doit alors être contournée et c'est l'objectif de ce processus d'apprentissage organisationnel que de doter l'organisation d'une mémoire commune (le rôle de stabilisation). Sinon, un *« agrégat d'individus fait exploser le projet collectif. Plus largement, ce qui gêne le fonctionnement collectif contredit le modèle économique de base. Le comportement clanique est du coup catastrophique »* (relevé au sein des entretiens). On retrouve la thèse du «*renfermement paroissial* » dans le groupe si des coordinations par la hiérarchie ne viennent pas compléter et encadrer le fonctionnement du dispositif. C'est certainement là, une des limites majeures de la coordination qu'offre le modèle de management par le groupe-agrégat : la gestion de la connaissance ne peut suffire ni à stabiliser suffisamment ni, a fortiori, à dynamiser en vue de la performance une collectivité principalement organisée autour de valeurs.

Dans ce système de gestion de la performance, l'engagement de soi et la mobilisation subjective tellement recherchée par ailleurs, se retournent partiellement contre l'organisation elle-même et son modèle. Car la connivence et la complicité requises dans le travail d'affiliation (attachement à l'organisation) reposent aussi sur une compétition : être parmi le groupe-agrégat qui marche et qui permet de prendre le « bon couloir ». Or, ces attitudes ne peuvent facilement se mêler dans le travail réel : au niveau concret des gestes du métier, la connivence devient une gêne dans la compétition « entre pairs ». Le développement de la coopération bute dès lors sur la dimension concurrentielle de l'affiliation. C'est l'une des raisons qui limite la mise en commun des connaissances selon un modèle libre, consenti et désintéressé. Lieu de coopération mais aussi de compétition en vue d'une sélection, le groupe-agrégat se distingue, sur ce point, nettement des « *communautés de pratiques* » définies par Lave et Wenger (1991) comme des groupes engagés dans une même pratique, communiquant, mais sans arrière-pensées stratégiques[1]. Le modèle du groupe-agrégat ne peut soustraire

---

1 Pour ces auteurs, les « communautés de pratique » représentent des groupes de personnes engagées dans la même pratique, communiquant

la gestion de l'information – si importante pour le métier – à ces arrière-pensées.

L'organisation n'est certes pas sans moyen face à ce phénomène de perturbation. Le retour du groupe est, là encore, décisif, selon les acteurs eux-mêmes :

> « *La seule coercition qui peut peser c'est celle qui vient du groupe : si on fait la fête, au festin, ceux qui n'en sont pas se trouvent mis à l'écart* »", souligne un interlocuteur. Comme le remarque encore un associé : « *le collectif est ce qui, par son jugement, forme la personne. On n'adhère pas, on s'en va. C'est la contrepartie de la liberté. Pas de séparation complètement possible entre vie professionnelle et vie privée* ».

On ne saurait donc mieux dire la fonction d'adhésion très psychologique que remplit ce type de groupe qui n'hésite pas à engager, consciemment, la sphère privée. Directement chargé des opérations d'affiliation, ce type de groupe peut-il être, en même temps, le lieu privilégié de la coopération professionnelle et des controverses de métier grâce auxquelles le métier reste vivant ? Ces controverses sont, en fait, des coopérations indispensables à l'exercice d'un métier. Elles semblent, en fait, peu compatibles avec l'extension des valeurs de compétition qui peuvent « *devenir sauvages pour être affilié* » (relevé au sein des entretiens). L'esprit très compétitif réduit clairement l'effet de cohérence recherchée par le groupe du type groupe-agrégat ; ce dernier s'éloignant d'une coordination dédiée à la création de connaissances telle que les « communautés » l'envisagent.

---

régulièrement entre eux au sujet de leurs activités. Ces membres cherchent essentiellement à développer leurs compétences dans la pratique considérée, en faisant circuler et en comparant de manière incessante les meilleures pratiques expérimentées par les membres. Ces communautés peuvent être vues comme un moyen de valoriser les compétences individuelles à travers l'amélioration continue de la pratique. Ce but est atteint à travers la construction, l'échange et le partage, d'un répertoire commun de ressources, d'ailleurs pas forcément formellement explicité.

(iv) Le mode de gestion de la connaissance par le groupe-agrégat a donc de sérieuses limites intrinsèques en tant que principe de coordination, tant il abrite de malentendus, voire d'incompatibilités : des zones de tensions subsistent entre, d'un côté une incitation par des valeurs et des conventions (la mise en groupe, l'adhésion à une famille, ...) qui appellent l'implication, et de l'autre, des besoins très individuels de construction du travail et de reconnaissance. Sur ce point, le jugement des consultants confirmés, éventuellement devenus associés, sur les jeunes consultants possède tout son intérêt. On y trouve en effet formulé le diagnostic d'une *« très forte évolution, de la montée d'exigences très nouvelles chez les jeunes »*. Il est bien sûr fait régulièrement mention d'un rapport nouveau dans les générations actuelles entre la vie personnelle et le travail. Les missions en province sont mal supportées pour ceux qui habitent Paris, par exemple. Mais le souci de la vie personnelle n'est probablement pas la seule raison qui puisse expliquer cette réticence à l'éloignement. En effet, lorsqu'ils sont en mission loin de Paris,

> *« on doit les appeler du Cabinet pour qu'ils ne se sentent pas abandonnés – on a recruté des psychologues pour ça. Ils ont un besoin de visibilité, d'être là malgré tout. Il y a dix ans, nous étions plus confiants dans l'entreprise, on se laissait porter, on était des bêtes de boulot ».* [...] *« ils préfèrent changer de terrain et de contextes de travail mais surtout ils veulent évoluer vite ».*

Ils prennent ainsi à la lettre la culture de la performance énoncée par l'organisation : se faire plaisir et aller vite.

Très puissant et fusionnel, ce mode de gestion de la performance par le groupe laisse « en creux » des situations où l'absence de mobilisation du travail rime avec le recul de l'appartenance à l'organisation. Aussi, dans certains cas, les dirigeants considèrent que :

> *« les périodes de non-staffing sont vécues très difficilement. Ca va mal et ça se propage en créant une ambiance délicate. Ils ne supportent pas d'avoir rien à faire. Ils sont angoissés. C'est comme une anxiété électrique, c'est la déprime de se sentir en trop qui les angoisse. C'est même comme une épidémie. Quand on est surchargé on se plaint, mais à l'inverse on se plaint*

encore plus » [...] « L'hyperactivité conserve l'envie et sans un auto-challenge permanent, ils se mettent à douter de leur place. Finalement, il y a un risque à laisser les gens en toute liberté ».

Cette modalité d'organisation du groupe peut même s'avérer tyrannique lorsque les valeurs de la performance sont prises « à la lettre ». Ainsi, les nouveaux arrivants – nombreux dans ce type d'activités en développement – semblent avoir incorporé que l'auto-challenge fait partie du profil attendu dans le « *parcours type* » et « *qu'on peut s'en aller si l'on n'en veut pas* » (relevé au sein des entretiens). Mais en contrepartie, l'exigence d'évoluer vite, de « *gagner sa chaise* » (idem), peut se faire destructrice, d'abord envers l'entreprise mais aussi vis à vis d'eux-mêmes. Car, paradoxe, une sorte « d'hyper-individualisme » anxieux finit par réduire la volonté d'adhérer aux valeurs de l'organisation et de coopérer[1].

Cette mobilisation subjective du travail par des valeurs, qui donne sa force à la « *convention de comportements en groupe* » n'est pas anodine dans ses effets. Le jeu de l'affiliation, qui s'installe dans une telle conception de gestion de la performance a des conséquences inattendues. Certes, à première vue, une sorte de « donnant-donnant » entre l'entreprise et ses salariés semble s'installer. Tous les systèmes de gestion des ressources humaines en témoignent à travers l'idée de « *la contribution du travail au business* ». Pourtant, quand celui qui travaille est appelé à devenir un instrument disponible pour l'organisation, celle-ci devient, en retour un simple moyen de sa promotion personnelle. Il n'est donc pas

1 Des initiatives sont naturellement prises pour éviter le syndrome centrifuge de la « collection de professions libérales » [énoncé par nous MR]. S'il est vrai que cette collection est très loin de constituer spontanément un collectif de travail, le management contemporain de la performance organise, assez classiquement, des « sorties » collectives qui alternent ski, jeux de scènes, vie collective, plans de tables et rupture de genre : il s'agit de « *créer un groupe* », une « *soudure* »; l'essentiel étant finalement, sur la base d'une préparation impeccable et surprenante, « *d'épater » les consultants : côté défoulement, on n'y va pas à moitié. Il faut surtout que ce soit rythmé, qu'il n'y ait pas de temps morts, pas de moments d'ennui. Tous ensemble on revient sur les rotules* ».

étonnant que les comportements de certains salariés très qualifiés se rapprochent de l'hypothèse que Bartlett et Ghosal (1994)[1] développent à propos du nouveau contrat social de la firme moderne. Le choix d'un emploi ne serait plus constitutif d'un projet de vie, mais le résultat d'un contrat dont il s'agit de tirer rapidement profit. Un glissement de la relation entre l'individu et l'entreprise s'opère. La volonté de bénéficier d'une vie personnelle, l'incertitude liée à la durée des contrats et l'exigence de performance ont pour contrepoint une volonté d'évolution rapide, de plus grande maîtrise de son destin et surtout des règles. Le « nouveau contrat social » n'y est plus fondé sur l'échange comme par le passé (productivité/salaire), où l'implication de soi était rétribuée par des opportunités de progression (empowerment). Il est davantage fondé sur la convergence des intérêts des parties prenantes, salarié comme firme. Le premier augmente son champ d'action et ses chances de reclassement, l'entreprise dispose de la flexibilité. Dans les cas étudiés, le contrat a, élément supplémentaire, la particularité de ne pas chercher un fort degré d'explicitation ou de contractualisation.

Cette double instrumentation, dans laquelle chacun est rangé au rang de moyen pour l'autre, constitue une construction qui affecte la nature des liens développés au travail et laisse entrevoir un engagement de façade. Finalement très calculé, face aux réquisitions de la compétence et à l'exaltation de l'informel, l'engagement est un risque pour le développement d'une organisation – le départ non prévu d'un talent difficilement remplaçable – et pour le salarié lui-même. Car cet engagement de façade a ses contreparties : en cultivant l'art de l'esquive dans une « culture du oui » rétive aux conflits, on s'aménage des interactions uniquement stratégiques. On retrouverait alors des résultats déjà obtenus ailleurs dans d'autres enquêtes en milieu *soft*. P. Veltz a pu montrer, par exemple, à quel point une intercompréhension saturée d'intentions stratégiques peut déboucher sur une dissociation : un clivage plus ou moins cynique ou résigné entre le moi authentique et la flexibilité sociale de l'attitude

---

1 Ghosal S. et Bartlett C. A. (1994) Linking organizational context and managerial action: the dimensions of quality of management, *Strategic Management Journal*, Vol. 15, 91-112.

(Veltz, 2000, p. 215). Alors, « *une frustration s'installe que la collectivité efficace, fonctionnelle et inauthentique ne peut réduire* ».

Cette comptabilité permanente du donné et du reçu peut toujours basculer dans un réalisme tout stratégique. Ce dernier n'est ni le moteur le plus puissant du professionnalisme authentique, ni une garantie de performance qui dure. Si aucune comptabilité claire, basée sur l'efficacité productive du travail, ne parvient à s'installer entre un effort consenti par le salarié et sa reconnaissance par l'employeur, c'est une source de dégradation de la santé au travail. Le moment de l'évaluation de la performance est en mesure d'introduire cette comptabilité nécessaire.

CHAPITRE III
L'EVALUATION DE LA PERFORMANCE : L'ENGAGEMENT AU TRAVAIL COMME PREUVE

Méthodologiquement très difficile d'accès, l'évaluation de la performance participe, avec le management précédemment discuté, des moyens de la performance. Il s'agit, d'un moyen de corriger les dérives potentielles de cet univers mouvant de la performance du travail. En instituant la reconnaissance des contributions de chacun à la réussite de l'organisation, l'acte d'évaluation a, en effet, la possibilité de « boucler » le cycle de la performance : si l'organisation assigne des objectifs au travail et les met en œuvre (face 1 et 2 de la performance du travail définies en Introduction du texte), elle constate la tenue de ces objectifs et en tire des conséquences en matière de rétribution.

Cette évaluation se présente sous des formes très diversifiées dans les deux entreprises enquêtées. Cette diversification s'explique par les choix effectués en matière de fixation des objectifs (selon une logique top-down ou prégnante) et par la montée d'éléments comportementaux participant de cette évaluation. L'appel aux compétences du salarié explique que cette évaluation s'intéresse à ce que nous nommons les « *engagements des individus dans le travail* ». A défaut d'être capable de juger des contributions à une performance du travail quelque peu évanescente, il est en effet primordial de repérer l'engagement des compétences et qualités de chacun.

Remplaçant ce qui avait été analysé comme une convention fordiste productivité/salaire (Salais, 1989), une convention en matière d'évaluation de la performance se met en place entre l'Autorité évaluatrice et l'individu, et plus largement, dans l'entreprise. Il s'agit d'une Convention de type 2, c'est-à-dire une convention qui, parce que c'est crucial et possible, coordonne directement les décisions. Cette convention que nous qualifions de « *convention d'engagement* » est le signe de l'affaiblissement d'une pratique d'obéissance stricte à une relation d'autorité hiérarchique telle qu'elle se manifeste dans le régime fordiste ; régime plus à même de définir ses objectifs de performance (Baudry et Tinel, 2003). Elle coordonne des décisions, concrétise assez précisément des comportements types et en interdit d'autres. Elle joue à plein son pouvoir d'homogénéisation des comportements des individus à des moments différents.

Cette « *convention d'engagement* » ménage certes d'importantes parts d'ombre et d'implicite : l'évaluation tend à porter fortement sur l'engagement de l'individu mais, à défaut de programmation et de prescription des tâches ou de normalisation des processus qui permettraient d'avoir des références de comportements (démarche ISO par exemple), il est toujours difficile de « *repérer la participation réelle des acteurs au processus* » (Gomez, 1996). L'évaluation de la performance est face à l'évolution générale des situations dans lesquelles est placé le salarié « concret » : à mi-chemin entre le facteur travail et l'entrepreneur innovateur de Schumpeter ; mi-chemin que F. Stankiewicz (2001) nomme « *conception néoschumpeterienne du travail* » [routine-changement] (par opposition à une conception néo-classique [routine]).

Les deux points suivants tentent d'éclairer cette convention qui, là encore, ne peut prendre place qu'à travers un jeu de « représentations collectives » qui servent à donner un sens général à l'évaluation de la performance dans l'organisation (approche interprétative des conventions – cf Introduction). Le premier point met donc en évidence la panoplie des outils d'appréciation quantitative de la performance. Souvent proche de contrats d'objectifs, cette panoplie déployée par le management installe quelques repères dont les caractères relatifs et incertains apparaissent très vite. Le second point explicite le rôle primordial des règles et valeurs comportementales qui, promulguées par l'acte d'évaluation, conditionnent l'engagement des individus.

LA MESURE QUANTITATIVE DE LA PERFORMANCE INDIVIDUELLE : LES APPORTS FORMALISES DES MODELES TOP-DOWN ET PREGNANT

Les deux modèles de divulgation de la performance dans l'organisation tentent d'appréhender la performance individuelle du travail sur un plan individuel. Ils empruntent, toutefois, deux voies sensiblement différentes. Le premier cherche à mettre en avant la forme du contrat d'objectifs entre le salarié et l'entreprise (i), le second s'intéresse plus à l'exécution de l'acte de travail de chacun (ii).

(i) La déclinaison top-down des objectifs pose, au-delà des outils, la question du rôle du management dans les situations d'évaluation. Dans les organisations matricielles très tendues vers la qualité de service et mettant les salariés en quasi-ligne directe avec les clients, le management peut, en effet, se trouver potentiellement « hors circuit ». Le client qui a un problème sur un produit ou une prestation, appelle directement le salarié qui en est le responsable et non son chef[1]. L'autonomie du travail très qualifié peut, en effet, conduire à son indépendance par rapport à la structure hiérarchique (le versant néo-schumpétérien pour l'analyse économique).

Au-delà d'éventuels problèmes de légitimité du management, la déclinaison managériale des objectifs ne peut dès lors s'installer, et donner lieu à une évaluation, qu'à la condition qu'elle puisse réduire les ambivalences ou les ambiguïtés. Plus exactement, il s'agit de rendre acceptable – voire profitable pour l'organisation – ce qui peut apparaître, dans une démarche très cartésienne, comme un manque de

---

1 Cette situation sans « filtre » peut être propice au stress, ou au « harcèlement », de fait. Le salarié se dit sans cesse : « *les objectifs, de toute façon, c'est le client qui les fixe. C'est lui qui cale et recale les délais, etc.* ». C'est le point de départ des travaux de C. Dejours. Voir notamment Dejours C. (1998) *Souffrance en France. La banalisation de l'injustice sociale*, Le Seuil, Paris, et (2004) Le mal-être au travail, *Travail et Emploi,* N° 97, La Documentation Française.

clarté. En termes prosaïques, il ne peut y avoir d'évaluation que si l'on sait ce qu'on évalue. Cette attente d'une plus grande clarté émerge très fortement dans les sections des entretiens consacrées à l'évaluation :

> « *Manager, c'est créer de la clarté, mais de la clarté relative. Le flou zéro, ça n'existe pas. Les ingénieurs, les gens eux-mêmes sont requis pour se mobiliser et ramener de l'intelligence sur les objectifs* » note un des directeurs des ressources humaines confronté à cette question de l'évaluation de la performance.

Ce besoin d'une plus grande clarté correspond, d'ailleurs, à une préoccupation théorique permanente de l'approche contractuelle en économie sous rationalité substantielle ou procédurale (Chaserant, 2002) : au-delà des paiements attendus, il s'agit d'informer les parties du contrat pour qu'ils décident de s'engager contractuellement et acceptent de coopérer. La question posée par l'évaluation de la performance dans le modèle top-down est donc à la fois simple et majeure : comment construire une information susceptible de favoriser la coopération des individus ?

Assez banalement, la démarche de « clarification » se concrétise, dans une gestion top-down, par un contrat mais avec une nécessité tout à fait cruciale : la capacité de chacun à négocier ses objectifs (capacité très bien comprise par les salariés). En définitive, le contrat négocié d'objectifs est bien ici l'instrument d'une individualisation du management de la performance. De manière assez pragmatique, l'acceptation des objectifs est indispensable si l'on veut qu'il y ait quelque chance qu'ils soient atteints. Cette négociation est d'ailleurs vécue comme étant d'un ordre « commercial » par ceux qui y sont assujettis. C'est donc une équation contribution-effort/rétribution-récompense qui s'installe (la « *valorité différentielle* » définie par F. Stankiewicz) ; équation qui se rapporte de moins en moins au temps du travail et de plus en plus à ses résultats.

Cela se traduit, pratiquement, par l'introduction d'une prime individuelle d'objectifs pour lier la rémunération et la performance des ingénieurs et cadres de niveau élevé, c'est-à-dire ceux qui ont des responsabilités dites « *fonctions globales* » et qui sont considérés ainsi comme « *ceux qui tirent l'activité* » (200 personnes sur les 1400 ingénieurs et cadres d'un établissement de micro-électronique). Pour ce groupe de salariés caractéristiques du « travail très qualifié », cette prime peut varier de 0 à 10 % de la rémunération annuelle, en fonction du degré d'atteinte des objectifs initialement définis. En pratique, l'écart type des montants de primes alloués est faible : nul n'obtient 0 ou 10.

S'il est apparemment limpide, ce système contractuel laisse très vite affleurer une difficulté profonde que rencontre le management par objectifs et, par suite, l'évaluation : comment mesurer la part de performance individuelle dans l'amélioration de l'efficacité collective ? La réponse est apportée par une formalisation de critères supposés permettre un repérage et une mesure de la performance du travail très qualifié.

Dans les documents de gestion de l'entreprise de micro-électronique, des « *fonctions globales* » sont définies en vue de formaliser « les responsabilités » des salariés concernés par le système de management et d'évaluation de la performance :

- *Responsable d'une équipe : au sens de la responsabilité hiérarchique classique.*
- *Project-manager : responsabilité de la conduite d'un projet ou programme durable, sans autorité hiérarchique, avec des équipes amenées à se recomposer.*
- *Technical leader : expertise ou spécialisation de haut niveau sur des problèmes pointus ou inédits, à transmettre à d'autres au sein d'une filière technique.*

Les objectifs établis sont alors de deux grandes sortes avec une pondération entre eux : d'une part, des objectifs liés à la division (25 %) et liés au service ou à l'équipe (25 %) ; d'autre part, des objectifs plus proprement individuels, qui pèseront 50 %.

Les premiers sont essentiellement « cascadés » par le chef de la division à partir du système de déclinaison des grandeurs économiques depuis le niveau Corporate du top-management (chiffre d'affaires, croissance des ventes, taux de marge, temps de cycle,...). Les seconds cherchent plutôt à trouver des identifications de proximité pour les résultats concrets du travail : écriture de x articles, formations organisées ou compétences acquises sur tel ou tel process, brevets,... Le système recherche à la fois des identifications bien localisées, à l'échelle des activités individuelles du travail, et des indicateurs adaptés à des circuits courts d'appréciation de la performance (pas d'horizon trop éloigné pour des résultats à atteindre). Dans les deux cas, il s'agit d'avoir une expression des objectifs qui soit aussi réductible que possible à une mesure quantitative des résultats attendus. Le système reste marqué par une double ambition : pratiquement, établir un univers d'évaluation où l'on ne rémunère que ce que l'on sait quantifier ; plus profondément, comme c'est le cas dans l'approche théorique standard des contrats, tenter « à l'infini » de rendre l'accord plus complet et moins biaisé (opportunisme, myopie) pour que la réconciliation des parties (travail/capital) soit un chantier permanent et que les conditions d'une coordination soient remplies au mieux. Il n'est pas question de coopération mais de clarification des termes ou des conditions d'ensemble d'une relation contractuelle.

Si cette ambition de mesurer la contribution individuelle à l'efficacité collective est généralement reconnue comme pertinente, la capacité à le faire par la voie engagée reste contestée[1]. Les relevés d'entretiens en offrent un reflet très instructif. Discutant l'exemple de l'amélioration des temps de cycle de développement des produits dans un service, pris comme objectif et/ou critère possible pour mesurer la contribution individuelle d'un cadre manager ou leader à la performance collective, l'un des participants aux entretiens réagissait ainsi :

> « *Moi, ce qui me gêne, c'est que dans ce cas, on va évaluer quelqu'un sur la moyenne du service, c'est-à-dire sur les résultats de tout le monde* ».

1 Ce constat rejoint le point de vue théorique de F. Stankiewicz (2001) qui estime que « *le salarié contribue plus ou moins efficacement à la création de valeur en œuvrant dans les trois registres d'activité (non totalement disjoints) de la production, de la création, et de l'adaptation. On ne supposera pas pour autant que sa « contribution propre » puisse être isolée au sein de la valeur ajoutée de l'entreprise contrairement à l'hypothèse néoclassique de décomposabilité du produit en un ensemble de productivités marginales. Cette hypothèse de séparabilité des contributions individuelles n'est pas, en règle générale, vérifiée. En d'autres termes, il est impossible de déterminer la valeur Vi créée par un salarié ou un facteur de production i.* »

Si le « top-down » induit logiquement un appel à une juste reconnaissance de ce que chacun fait (s'appuyant ainsi sur « la nouvelle idéologie de la performance » qui se développe plus largement dans la société[1]) ; cet appel est parfois contradictoire avec un travail organisé à travers le modèle du « groupe-agrégat ». Dans ce cas, un facteur de performance relève du groupe et ne peut, en pratique et sur le fond, être imputé à quiconque.

Un autre voyait dans ce système une vision « non dite » de la contribution du manager à l'efficacité collective : selon un raisonnement à la Libenstein, le « plus » d'efficacité apporté par un management pertinent au niveau d'une équipe. Il s'agirait, en fait, d'obtenir de l'équipe le dépassement de ce qu'on lui avait assigné à l'origine :

> « *ce système, c'est comment faire pour faire plus que les objectifs de base fixés* ». Plusieurs participants prolongent ainsi : « *finalement, ce qu'on cherche à travers ce système, c'est que chaque collaborateur se comporte comme un entrepreneur. (...). C'est un contrat moral passé avec l'entreprise, d'acceptation des risques* ».

La conception néo-schumpetérienne du travail se développe en nette rupture avec sa conception en termes de subordination juridique qui a pour fonction première de préserver le salarié du risque économique et de chercher à définir – par le contrat de travail notamment – les éléments de réalisation d'une relation d'autorité [Masten, (1991), Jeammaud, Le Friant et Lyon-Caen (1998)[2]]

Sur le plan de l'organisation, cette mise en œuvre de l'évaluation de la performance parvient certainement à éviter que les ingénieurs et cadres à fonctions globales ne ramènent tous leurs objectifs à la technique ou à un rendement financier par dossier. En ce sens, une réelle ouverture des horizons de

---

1 Heilbrunn B. dir. (2004) *La performance, une nouvelle idéologie ? Critiques et enjeux*, La Découverte.

2 Masten S. (1991) « A legal basis for the firm », in Williamson et Winter (eds) *The nature of the firm; origins, evolution and development*, Oxford University Press. Jeammaud A., Le Friant M. et Lyon-Caen A. (1998) *L'ordonnancement des relations de travail,* Recueil Dalloz, 38ème édition.

l'évaluation est impulsée et conduit à une conception de la performance quelque peu renouvelée dans laquelle « *tout ce qui important n'est pas nécessairement évaluable selon des critères de richesses créées* ». Concrètement, les managers admettent, indépendamment les uns des autres, qu'on ne peut s'en tenir au contrat signé qui est nécessairement incomplet et sous-optimal, au sens où d'autres engagements des individus sont indispensables pour que la performance se « fasse ». Ces contrats ne les prévoient pas ; ces engagements à coopérer relèvent par ailleurs d'éléments non prévisibles par des contrats, même plus élaborés dans le sens de la complétude : de multiples « arrangements de soutien » sont nécessaires à une stabilisation (généralement par la confiance) de l'engagement de l'individu comme le montrent les travaux de M. Granovetter depuis 1974 (la théorie des liens faibles).

La déclinaison d'objectifs bute donc en premier lieu, sur la difficulté à isoler le degré d'atteinte d'objectifs individuels. En bout de cascades, ces derniers peuvent, de plus, être tellement « déclinés » qu'ils sont en fait très dépendants de facteurs ou de paramètres extérieurs à la personne et à sa propre activité *[« on n'a pas toutes les commandes* » (relevé au sein des entretiens)]. Enfin, la combinaison des objectifs n'énonce pas la règle de leurs pondérations respectives : il s'ensuit nécessairement un rôle-clé donné aux perceptions individuelles, représentations ou interprétations subjectives qui, au moment de l'évaluation, permettent de discuter ces hiérarchies. Par suite, il est admis qu'évaluer la performance suppose, bien au-delà du contrat, d'incorporer « *autre chose* » (relevé au sein des entretiens) : des estimations de ce qu'a été l'engagement véritable de l'individu.

(ii) Dans le cas du modèle prégnant, le processus d'évaluation de la performance s'appuie sur deux outils moins teintés de l'esprit contractuel et plus ancrés sur l'exécution de l'acte de travail. D'abord, les « feuilles de temps » mensuelles permettent un comptage auto-déclaratif des temps passés par chacun des collaborateurs jour par jour, et sont agrégées par le contrôle de gestion. Enfin, des « *points jobs* » (point sur le travail), sont réalisés à la fin de chaque mission (et éventuellement en cours de mission si la durée est longue), soit environ tous les six mois selon les personnes interviewées. Ces points détaillent l'ensemble des dimensions d'une mission. Davantage orienté vers un contrôle de la performance « au » travail, il s'agit d'une évaluation au moyen d'un entretien passé avec le responsable hiérarchique sur la base d'une fiche qui propose une batterie de critères mêlant intimement des relevés sur les productions réalisées et sur les comportements manifestés.

Feuille de temps et points jobs font plus particulièrement porter le contrôle sur deux aspects. Premier aspect, le temps consacré est jugé, « *à la louche* » (relevé au sein des entretiens), par rapport à des normes moyennes de l'organisation. Il s'agit de vérifier, même si le résultat est souvent connu avant, que la dépense temps est économiquement acceptable. Plus encore, des écarts-types assez sensibles par rapport à des temps moyens sont tolérés afin de ne pas « *maintenir* » les relations. C'est la thèse que développe Macaulay (1985) à propos des « *litiges* » entre contractants, et de la théorie du « *cadrage* » : l'évaluateur préfère ignorer un critère pourtant non satisfait et préférer le maintien du « cadre » général des relations et donc des normes de coopérations qui vont avec. Il espère simplement que ce critère pourra, à terme, être mieux rempli. Un second aspect s'intéresse davantage aux facteurs de la performance et, donc à la façon dont le travail les déploie : quels sont les moyens que le salarié met en œuvre ?

Les objectifs de résultats passés sous revue prennent dans ce cas de nouveaux habits. Ils sont simplement « prégnants ». Cela a une conséquence forte : à chacun des individus de se « *débrouiller* » pour traduire « *pour lui et dans son travail* » [souligné par nous MR] les objectifs généraux de l'entreprise, avec tout ce qu'ils peuvent avoir d'implicite, d'incomplet ou de très global dans leur formulation (Cf. Chapitre I). De manière brutale, cela veut dire que chacun reconstruit sa propre programmation d'objectifs de performance dans le cadre de ce qui est dit par l'organisation et explicité, à la demande, par le coach. L'évaluation porte donc sur cette « auto-programmation » pensée comme une capacité à produire ses propres repères en vue de l'évaluation (on comprend mieux les tendances fortes à l'auto-remplissage des fiches d'évaluation des missions).

Dans cette vacuité, des réflexes très paradoxaux sont observables. D'abord, certains salariés prennent pour référence, d'eux-mêmes et de manière autonome, le fonctionnement de ratios que le management leur déclare pourtant exclure au niveau individuel et ne contrôler que très globalement pour une période de temps ou un groupe très large. Dans les entretiens réalisés dans l'entreprise de conseil, il est dit par exemple :

> « *le taux de charge, on ne sait pas, mais peut-être que ça sert quand même au contrôle individuel, alors implicitement on oriente en conséquence la façon dont on va remplir la feuille de temps* ».

Ensuite, la prégnance est certainement le modèle de gestion puis d'évaluation de la performance qui induit la plus forte propension à l'auto-activation du travail (et à ses dérives, en terme de stress). En l'absence de contrat de performance, la limitation de « l'opportunisme du salarié » (opportunisme « stratégique » d'Aoki ou « myopie » de Lindenberg 1998) ou, de manière plus générale, de toutes formes d'aléas moraux, est obtenue par un cadrage de la relation entre l'organisation et le salarié. Stabilisateur et facilitateur de la coopération, ce cadrage n'est pas seulement obtenu par des « méta-informations » (Favereau, 1997) qui pallient à l'absence de dimension contractuelle. Loin de la thèse très répandue en matière de caractérisation de la coordination (contrat *versus* informations ou atmosphère), la coopération s'obtient ici par la priorité laissée à l'individu-salarié qui « *prend sur lui* » [souligné par nous MR] de cadrer la relation et ses contenus. La coordination tient essentiellement, au sens de par-dessus tout, à la capacité de l'individu à s'engager.

Si les deux processus concrets de management par objectifs et d'évaluation prégnante sont très différents dans leurs formes et leurs instrumentations, ils ont néanmoins un fondement et un débouché communs : la prescription du travail délaisse les tâches ou les modes opératoires (sur lesquels elle portait dans le modèle taylorien) pour se déplacer sciemment et dès le départ du processus sur les résultats assignés ou attendus. La définition des objectifs (de résultats) débouche, dans les deux cas, sur une inévitable incomplétude de la relation du travail à ses performances attendues. Mais cette incomplétude n'est pas l'objet d'une gêne en matière de coordination ou d'un manque à combler par tous les moyens (institutions, autorité, incitations) : l'individu est compris comme LE moyen pour « compléter » et la solution n'est pas recherchée dans ce qu'Aoki nommait dès 1985, « une contractualisation prévoyante ».

Cette incomplétude va, en pratique, conduire à reporter la recherche de performance, et donc la démarche d'évaluation, sur les actions déployées par les personnes, comme l'exprimait un manager de l'entreprise de la micro-électronique :

> « *ce qu'on attend de chacun, c'est au moins de faire tout ce qu'il peut, d'essayer de déployer tous les artifices mis à sa disposition* ».

L'appel aux « compétences » renvoie ici à une toute autre problématique que celle communément associée à la GPEC (Gestion Prévisionnelle des Emplois et des Compétences) telle qu'elle s'est déployée à ses origines (Baron, 1993)[1]. Il ne s'agit pas, seulement, de mesurer des « acquis » de la personne, de les confronter à des « requis » pour la tenue d'un ou de plusieurs emplois et d'organiser des « filières d'évolutions professionnelles ».

L'évaluation de la performance de l'individu se déplace, de manière beaucoup plus directe et peu instrumentalisée, du terrain des résultats atteints – en définitive, peu mesurés – à celui des moyens qu'il a déployé dans son activité. Strictement confiée à une hiérarchie immédiate, l'évaluation concrète de cette performance porte sur ce qui a été « *engagé* » ([souligné par nous MR] : relations au client, coopérations, construction d'équipes et accumulation de savoirs, professionnalisme[2].

---

1 Baron X. (1983) « La gestion prévisionnelle des emplois et des compétences en entreprise » dans *Gestion des ressources humaines*, Cahiers Français, N° 262, juillet-septembre.

2 Les compétences sont considérées comme un capital détenu (mais non figé) par les collaborateurs, et renvoient l'initiative et la créativité aux acteurs de la performance. Quelques extraits significatifs des entretiens menés dans l'entreprise de conseil :

> « *A vous d'associer toutes les capacités de votre cerveau pour...* » ou encore « *Impliqué dans le résultat, vous êtes présent jusqu'à la mise en œuvre opérationnelle de vos recommandations. Proche du client, mais indépendant, vous utilisez tout votre capital, pour construire avec lui la meilleure solution* ». Et finalement, l'appel va jusqu'à la personnalité même du consultant, comme ressource : « *associez rigueur et créativité, utilisez tout votre capital*

Remplis en face à face, des documents ad-hoc (fiches de mission ou de projet) servent de support à ce moment d'évaluation d'ailleurs assez peu institutionnalisé dans ses formes. Ce support est d'abord un prétexte à discussion mais surtout une matière à réflexion. En l'évaluant ainsi, une conception in-fine de la performance se dévoile.

Cette évaluation de la performance installe -et c'est là une proposition avancée par ce texte – une convention de type 2 relativement codifiée et admise de tous : la « convention d'engagement ». Trouvant sa place dans la vie de l'organisation, cette convention propose des comportements-type assez précis : à travers l'acte d'évaluation, elle formule des souhaits, des interdits et des sanctions. Trois aspects de cette convention émergent nettement.

1. D'abord, une figure générale d'exercice de l'évaluation des performances des individus est définitivement fixée. L'évaluation n'a pas toujours besoin d'être très précise ou très méthodique dès lors qu'un satisfecit général est accordé au collaborateur ou à un groupe. A l'inverse, si des « problèmes » se manifestent, la démarche d'évaluation gagne en méticulosité, voire prépare des décisions radicales. Cette évaluation implique dès lors un jeu complexe de coach, de dirigeants et de gestion par les ressources humaines : en toile de fond, la mobilité interne ou externe est profilée et mise en discussion.

Cette convention en matière d'évaluation apparaît donc très marquée par les arcanes de la relation de hiérarchie et par une appréciation au départ binaire et très globale des situations des salariés par rapport à leurs performances : ça va ou ça ne va pas. Cela revient donc à dire que l'évaluation des performances ne devient complète et fine que lorsqu'il y a présomption de manque de performance ou de « *problèmes relationnels* » (relevé au sein des entretiens). Dans la majeure partie des cas, c'est un problème de vie dans le groupe-agrégat qui est le déclencheur. Cette convention n'est donc pas dressée avec le souci très rationnel du détail à incorporer *ex ante* dans un

---

intellectuel et émotionnel, (...), votre personnalité est votre meilleur atout ».

contrat (l'agence) ou de compléments à rechercher (« contrôles administratifs », par exemple, pour que le contrôle de la performance soit stabilisé). La tendance est plutôt à l'assouplissement du contrôle de la performance (moins fréquent, peu complet, limité à certains), au rejet des approches bureaucratiques mais à une supervision-vérification lointaine de l'ambiance créée dans ce que Williamson nomme, de manière intuitive, « *groupe de pairs* » dès 1975.

La figure générale de la performance du travail se dessine : éloignée d'une comptabilité apparente des contributions-rétributions basées sur des objectifs atteints et s'approchant d'une considération des « *bons signaux relationnels* » dans le groupe (Chaserant, 2002).

2. Ensuite, des interdits sont explicitement formulés par cette convention. Deux repères sont définitivement éliminés par cette mise en œuvre de l'évaluation – même sommaire : « le temps de l'individu » reste, dans le cas du travail très qualifié, partout l'absent voire le sujet tabou dont l'évocation apparaît suspecte (seul le temps facturé compte dès lors que le thème des budgets et délais sont abordés). La difficulté à maîtriser des méthodes et l'insuffisance de connaissances qui auraient limité la performance d'une mission ou d'un travail n'est pas considérée comme une explication suffisante : l'individu a manqué de pertinence en ne formulant pas le diagnostic de ses problèmes. Dans les deux cas, c'est en retour la qualité de ses compétences qui est discutée. Sur le plan de l'analyse économique, ces « indicateurs tabous » sont l'un des signes de l'évolution du schéma organisationnel et de la conception de la performance qu'il installe. Si l'on reprend une formulation de la théorie de la régulation conjointe, « *les marges de liberté* » du salarié sont liées à « une incomplétude du modèle prescriptif » [(de Terssac, 1993), (Reynaud, 1988), Segrestin, 1996)[1]] ; incomplétude qui fait que le « pouvoir » (Crozier et

---

1 Terssac de G. (1993) « Organisation du travail et sociologie », *Revue Française de Gestion*, novembre-décembre. Ségrestin D. (1996) « La normalisation de la qualité et l'évolution de la relation d'emploi », *Revue d'Economie Industrielle*, N° 75, 1er trimestre.

Friedberg, 1977)[1] tient à une maîtrise de zones d'incertitude organisationnelle. Ce pouvoir tient, en premier lieu, à l'existence d'un modèle prescriptif (Baudry, 1998). Le « nouveau » schéma ne se réfère que très marginalement à cette prescription du travail ; prescription qui incorpore des normes de temps ou de qualifications à mettre en œuvre. Le temps passé ou la qualification ne comptent donc plus, ou seulement s'ils « disqualifient » la performance (trop de temps et pas assez de qualifications), car l'évaluation porte sur les comportements et, dans une moindre mesure, sur des indicateurs de résultats.

Une rupture est donc consommée : l'appui sur les indicateurs, élevés au rang de critères de performances par le fordisme, n'a plus de raison d'être dès lors que la performance tient à l'engagement des capacités de l'individu. La problématique de la mobilisation du travail n'est plus seulement celle du passage de la prescription du travail aux objectifs à atteindre, comme cela est couramment analysé en sociologie industrielle (Veltz, 2000, 2002) : c'est plutôt celle des engagements des individus réclamés par des objectifs intrinsèquement flous.

3. Enfin, cette convention renvoie nécessairement l'individu à la charge de « prouver » ses implications et ses engagements de moyens. La capacité à expliciter ses engagements est au moins aussi importante que la capacité à s'impliquer (Linhart, 1994) ou la capacité à nouer des relations productives dans le travail (Gollac et Kramarz, 2000). En ce sens, les problématiques du contrôle de la performance proposées par les théories organisationnelles anglo-saxonnes (Edwards, 1986), les démarches de la théorie de l'agence et, plus largement, les analyses d'essence contractuelle ont un angle mort. A travers cette convention, l'employeur se trouve en charge de dispositifs chargés de juger de l'implication des individus plus que de favoriser, mesurer et contrôler sa performance individuelle. Ce jugement dépend de la capacité du salarié à faire valoir son implication. Le renversement de l'approche économique de la performance est total : la preuve de performance est à la charge du salarié alors qu'elle était,

---

1 Crozier M et Friedberg E (1977) *L'acteur et le système*, Le Seuil, Paris.

jusque-là, à apporter par l'employeur qui s'en donnait les moyens.

Poussée pleinement, la gestion-réquisition des compétences conduit à ce « formidable renversement de la charge de la preuve » que relève Daniel Cohen dans un article consacré à la polyvalence dans le travail[1] : « *ce n'est plus à l'entreprise de surveiller les ouvriers, ce sont aux ouvriers de démontrer à l'entreprise qu'ils ont bien fait leur tâche. Pour le dire comme Jean Baudrillard, l'individu aujourd'hui est moins aliéné par le fait qu'on sait tout de lui que par le fait qu'on le sollicite de tout savoir sur lui-même* ».

Dès lors, la « convention d'engagement » ne se joue pas dans un univers contractuel à optimiser, par ajouts permanents, en vue d'éliminer les aléas d'une relation « à deux ». Pour faire progresser la confiance (Granovetter, 2000)[2], la coordination est confiée – ou plutôt renvoyée- au salarié qui doit démontrer sa conformité à un ensemble de valeurs et de normes de comportements qui sont autant de « *traces* » [souligné par nous MR] de sa coopération. Pour cela, l'évaluation se doit de pénétrer au plus profond dans l'univers de l'individu au-delà de celui du travail.

L'APPROCHE DE LA PERFORMANCE PAR LES COMPORTEMENTS : LA RECHERCHE DES INDICES D'ENGAGEMENT DES INDIVIDUS

L'évaluation de la performance reste donc face à un obstacle infranchissable avec lequel elle doit composer : la montée de l'incertitude qui fait que l'entreprise doit apprendre à faire face à un environnement imprédictible. Elle doit donc apprendre à produire selon un processus aléatoire, largement dépendant de la relation entretenue avec le client. Le résultat de l'activité se définit, selon les cas, par des contours variables, largement co-

---

1 Cohen D. (2000) La polyvalence dans le travail est-elle toxique ? *Esprit*, janvier.

2 Granovetter M. (2000) Action économique et structure sociale : le problème de l'encastrement, dans *Le marché autrement*, Desclée de Brouwer. (traduit d'un texte de 1985 paru dans the American Journal of Sociology, 91 (3).

produits. Le résultat de l'activité ne s'appréhende donc pas aisément par des spécifications objectives dès le départ et fixés une fois pour toutes[1]. A ce flou obligé du résultat à atteindre, viennent s'ajouter d'autres facteurs, liés à la contrainte et aux rythmes du marché. La nécessaire adaptation aux innovations technologiques « pousse » l'organisation du travail elle-même à une instabilité permanente et les outils de gestion se multiplient pour tenter d'encadrer et gérer ce flou généralisé.

Loin d'être en échec, la « convention d'engagement » qui s'installe s'empare de cette instabilité et de ce flou. Le rythme du marché est posé comme une donnée cardinale qui a la faculté de « bousculer » l'ensemble de l'organisation (Cf. Ph. Zarifian. Introduction). Concrètement, dans les deux cas étudiés en profondeur, cela conduit à limiter les indicateurs en matière d'évaluation de la performance du travail au « time to market » et « time to volume ». Lisible par tous du haut en bas de l'organisation, ne cherchant pas « aller au plus près du travail » [souligné par nous MR], cet indicateur qui traduit la conception de l'efficacité économique pour l'organisation, est négocié, entre une hiérarchie et un groupe pour être adopté puis vérifié dans son respect tendanciel – et non nominal.

En retour, l'adoption de ce type de convention en matière de performance a des effets. Premièrement, les indicateurs plus habituels du travail ouvrier industriel (productivité) et de la comptabilité analytique basée sur l'évaluation « comptable » de la performance (rentabilité des actifs) ont moins de place dans la gestion « opérationnelle » de la performance. Produits par le système de contrôle de gestion[2], ces indicateurs

---

1 Entre le moment de la programmation de la performance (anticipation) et celui de son évaluation (réalisation), l'objet de l'évaluation (l'output produit sous contrainte de budget ou de coût) et le contexte de référence (la situation vis-à-vis du marché ou du client) sont, chacun, en perpétuelles redéfinitions ou reconfigurations. Les évolutions sont de plus corrélatives : un coût de fabrication peut s'avérer aujourd'hui comme fort par rapport aux projections alors qu'il traduit, pour partie (mais combien exactement ?) les évolutions successives des demandes du client – qu'il faut également satisfaire – mais aussi les évolutions, sur la période, des spécifications techniques définies, en interne et/ou en externe, pour ce type de produits.
2 Outre une structure organisationnelle avec ses règles d'exercice du pouvoir, d'élaboration des décisions, ou de circulation de

économiques et financiers rendent, en effet, possibles, dans un univers où la stabilité et la répétition sont la règle, une démarche comparative des valeurs-références. Ces dernières sont intangibles sur une certaine période comptable et servent à jauger la performance en permettant *« de reproduire l'expérience et d'en accumuler les enseignements dans le temps. Les lois qui régissent les phénomènes internes et externes à l'entreprise sont permanentes. Cette permanence repose sur le déterminisme des processus : les mêmes causes produisent les mêmes effets ; la production est planifiable et planifiée ; le travail est codifiable et codifié »*[1]. Si, pour l'essentiel, l'outillage de contrôle de gestion est toujours en place dans les entreprises enquêtées, voire considérablement élargi par les systèmes de « reporting » que les unités locales doivent produire pour des services centraux de leurs sociétés-mères ou holdings, il remplit d'autres rôles en matière de performance.

Ce contrôle de gestion remplit, en effet, des fonctions co-latérales : une fonction « d'information » (i) et une fonction de « sécurisation » (ii) [souligné par nous MR]. (i) Il satisfait, en effet, à des obligations conventionnelles internes (reportings intra-groupe) ou externes (notamment légales). Ce contrôle se

---

l'information, l'entreprise a besoin d'une fonction de contrôle des variables par lesquelles se construisent les résultats économiques poursuivis. Le contrôle de gestion consiste à prendre, et faire appliquer, des mesures pour rapprocher les résultats réels des résultats escomptés. Il est « *le processus par lequel les dirigeants s'assurent que les ressources sont obtenues et utilisées avec efficience et efficacité pour réaliser les objectifs de l'organisation* » (Gervais, 1983). Ce contrôle a été construit sur le modèle comptable de représentation et de mesure des variables de fonctionnement de l'entreprise. Les variables à mesurer sont réduites à des couples quantités-prix, et la mesure économique à l'unité de compte monétaire. Il s'agit de quantifier et d'étalonner toutes les variables constitutives du processus de la valeur créée, celle-ci étant ramenée à une différence (produits des ventes-coûts de production). Tout peut se traduire en une comptabilité des « plus » et des « moins », dans une mesure des écarts par rapport à des normes, valeurs-références, ou standards.

1 Lorino op.cit., page 44.

confond le plus souvent avec le système comptable lui-même, pour rendre compte des entrées et sorties d'argent, de leur conformité aux règles, ou pour rendre visible une structure de coûts, une évolution d'un poste budgétaire, un taux de facturation, une productivité horaire. (ii) Les indicateurs bâtis par le contrôle de gestion, par ailleurs, servent à conforter la vie de l'entreprise, tout en se posant en appui ou recours pour « aider » les développements opérationnels. Ces mécanismes d'appui sont nombreux : monitoring continu généralement accompagné d'un suivi informatisé des indicateurs, souvent personnalisé, avec réunion de cadrage régulière, et dans certains cas des séminaires annuels. En réponse à la volatilité du métier, la situation des indicateurs de « contrôle de gestion » est donc très étrange : les nouvelles organisations déploient des solutions de travail réactives qui modifient, sans cesse, les périmètres et l'objet d'évaluation de la performance. A défaut de pouvoir « mesurer » précisément l'efficacité productive ou la capacité créative du travail, ces indicateurs n'ont plus de place dès lors qu'il s'agit de satisfaire des temps de marché. Ces indicateurs restent par contre des références indispensables qui attestent du sérieux des tableaux de bord et servent à exposer la situation des performances aux tiers. Amenant une image conforme, il rassure, à défaut de pouvoir vraiment servir à piloter.

Deuxièmement, nos terrains d'enquête, par-delà leurs différences, laissent apparaître deux processus-clés complémentaires pour l'obtention et l'évaluation de l'efficacité productive : le management par objectifs et la mobilisation des compétences (Cf. Chapitre II. Point 1). Ces processus déplacent l'évaluation sur les facteurs supposés de la performance et, singulièrement, sur la façon dont le salarié les déploie. Les résultats poursuivis et/ou l'output à produire ou à fournir pour le client sont, en fait, seconds, tant ils sont l'objet d'influences qui dépassent le cadre qu'il est possible de contrôler dans la relation d'emploi (Baudry, 1998). Si ces objectifs de résultats importent, ils sont globalisés au niveau d'une division (plus de 50 personnes) et « prégnants » : à chacun la charge de traduire les objectifs généraux, y compris les objectifs les plus abstraits, dans son activité. Dans ce contexte, la sollicitation des compétences des salariés devient le seul recours nécessaire pour combler les lacunes et obtenir un travail efficace. P. Veltz (2002) résume ce déplacement par l'idée de « *prescription de la subjecticité* » L'évaluation ne peut donc se limiter à l'ordre financier qui constitue plutôt un cadre général d'acceptabilité.

Accompagnant cette conception finalement peu formalisée, un discours sur la performance tend d'ailleurs à se répandre dans les deux entreprises : « *on recrute et on vend des talents* ». C'est donc au salarié de faire la preuve de ce dont il est capable, à commencer par la capacité à se « débrouiller » sans guide méthodologique, ni repères formels. Cela vaut également pour sa carrière : pour accéder à un niveau supérieur, il faut en quelque sorte anticiper l'activité et le déploiement des compétences qui y correspondent.

Ce report sur l'individu génère plusieurs difficultés, notamment quant à l'utilisation que l'on peut faire du résultat de l'évaluation en vue de « boucler » un système (c'est-à-dire le rendre acceptable par les acteurs et donc durable).

Dans le cas d'un travail à forte autonomie soumis à ce type d'évaluation de la performance, s'installe, d'abord, une difficulté à faire reconnaître ce que Clot (1995)[1] appelle « *le réel de leur activité* », c'est-à-dire ce qui se met réellement en œuvre pour que l'acte de travail puisse se faire, aboutir et produire des résultats. L'évaluation de la performance déçoit donc les attentes des salariés, voire les renvoie à un travail finalement « indéfini » et donc peu propice à une implication raisonnée [2]. Ensuite, si l'organisation développe, peu ou prou,

---

1 Clot Y. (1995) *Le travail sans l'homme. Pour une psychologie des milieux de travail et de vie*, Coll. Textes à l'appui, Ed. La Découverte.
2 Il semble s'installer deux univers largement discriminés par le modèle de gestion de la performance : d'une part, des gens haut placés dans la hiérarchie pour qui l'on prescrit de la subjectivité, d'autre part, des gens « de la base » à qui l'on prescrit selon des modes opératoires plus traditionnels, mais pour qui l'on demande une certaine autonomie de l'action (Coutrot, 1995) mais aussi de la représentation de l'efficacité. Néanmoins, les coordinations qui règlent leurs activités comportent toutes un certain paradoxe.
En effet, le côté « indéfini du travail » – il suffit ici de prendre en compte les différences qui existent entre les indicateurs officiels de qualité et ceux ressentis par les salariés – est un facteur puissant de progrès et d'émulation : il est toujours possible de faire mieux et plus. Et, sous certaines conditions, on a envie de le faire, de se dépasser. Mais de l'autre, ce caractère inachevé est porteur de frustrations et

une culture de la mise en groupe où l'on évite le conflit, cela se traduit par « une culture du oui » qui conduit à une pratique plutôt égalitaire pour les évaluations officielles des performances des individus : on réduit au minimum l'écart-type entre les évaluations individuelles. De l'avis même des managers des deux entreprises, « *on ne cherche pas à pousser à bout l'exercice* ». On retrouve là une intuition de O. Williamson développée par Baudry (1998) à propos « *du groupe de pairs qui offre une valeur supérieure en termes d'atmosphère, compte tenu de l'absence d'un superviseur qui contrôle et évalue* ». Le modèle du groupe-agrégat est, sur ce plan, supérieur à une forme hiérarchique. L'évaluation des performances perd, pourtant, sa place comme élément de tri que l'employeur peut attendre d'elle. Ce tri se joue donc ailleurs. En fait, l'évaluation de la performance « navigue » entre deux impossibilités : parvenir à rendre une totale lisibilité sur les engagements des salariés (et donc devoir les rétribuer) et signifier les échecs et les performances individuelles sur une échelle (et donc devoir sanctionner).

Ceci explique sans doute qu'en pratique les « points jobs » soient réalisés mission par mission, de façon épisodique et ponctuelle, le consultant n'ayant pas toujours le même manager ou responsable hiérarchique d'une mission à l'autre. Même dans l'évaluation des comportements, nul ne cherche à installer des règles-étalons, avec leurs normes et leurs conséquences (sanctions). Aussi, l'entreprise met en place parallèlement un autre processus d'évaluation, le « coaching », pour assurer et la continuité, et la permanence de l'évaluation du collaborateur. C'est dans ce cas une même personne, le coach, qui le suit et l'évalue tout au long de l'année et d'une année sur l'autre, hors de la hiérarchie de ses missions, dans un esprit dit de « parrainage ». La désignation des coachs comme

---

d'inquiétudes : nul ne sait où et quand finit le travail. De ce point de vue, les systèmes d'évaluation sont très fragiles, compte tenu du nombre de paramètres subjectifs qu'ils comportent (et qui, parfois, ne sont même pas connus des salariés). Ce caractère inachevé du travail est repéré par les managers qui sont, parfois, largement dépassés par la technicité du travail de leurs collaborateurs. Comment peut-on, à la fois, être manager, organisateur, entraîneur « coach » et stratège ?

leur affectation des consultants (5 maximum par coach) sont faites par la direction des ressources humaines en accord avec la direction. Très proche de l'évaluation mais toujours dissocié, ce second « moment » de « coaching » a un véritable rôle d'amortisseur en facilitant, à travers un partage du diagnostic, l'acceptation des critiques, des recommandations et des éventuelles réallocations à d'autres équipes.

De toute évidence, le processus d'évaluation se fait donc dans cette « nouvelle » convention en matière de performance par tâtonnements et adaptations mais sans jamais chercher à fonder un univers de règles. IL s'agit d'approcher les comportements des individus et de s'assurer de leur engagement. Concrètement, si ce dispositif d'évaluation inscrit clairement la gestion des compétences dans ce que nous nommons une logique de « réquisition », il reste assez insaisissable dans sa mécanique et ses effets malgré quelques critères retenus dans les fiches « points jobs » :

1. Relation client : sens politique (perception des alliés et des opposants, capacité à anticiper, à maîtriser les problèmes, à en être prévenu par le client /.../ adéquation du comportement à la situation et aux interlocuteurs) ; sens commercial (discours cabinet vis-à-vis du client / aptitude à détecter de nouvelles problématiques / capacité de conviction,...) ; perception du client (attachement au consultant / demande de suite / reprise des messages /.../ identité du cabinet reconnue).

2. Management et vie d'équipe : implication personnelle, disponibilité, enthousiasme, contribution à la motivation du groupe, loyauté, ..., partage des connaissances, ..., ténacité, persévérance, soutien face au client en cas de difficulté d'un équipier, éthique, ..., planification, animation, contrôle qualité, délégation, ..., assurance, ..., communication (entretiens, réunions, contacts, présentations formelles, qualité rédactionnelle).

3. Production de la mission : analyse et synthèse (recherche des faits, exactitude et blindage, absence de polémique, ..., capacité à approfondir ou à renoncer, rigueur, ...) ; jugement et créativité (esprit d'innovation, ..., pragmatisme des recommandations,...) ; professionnalisme (organisation personnelle, ..., gestion du management cabinet, fiabilité par rapport aux instructions données, respect des délais, des budgets, .., autonomie[1]).

Ces critères ont pour fonction de faire de la mobilisation des compétences ou talents de chaque collaborateur, non seulement un acte ordinaire de son travail, mais aussi un acte à inciter en le désignant[2]. L'entreprise compte explicitement sur

---

1 La grille d'évaluation de la performance utilisée lors des entretiens annuels retient trois catégories de critères en matière de « facteurs de la performance ». Cette approche révèle finalement des parentés avec la logique de réquisition appuyée par les critères des point-jobs :

> *1. Qualités personnelles : compétences techniques (connaissances des tâches effectuées dans le poste, le service ou la fonction), adaptabilité, flexibilité (ouvert au changement dans des circonstances nouvelles, réagit rapidement) ; prise de décision basée sur les faits ; créativité ; ... ; initiative, autonomie, ..., esprit entrepreneur ; ténacité, énergie (..., est capable de travailler sous pression, est positif en toutes circonstances) ; expression écrite et orale ; coaching et capacité à former ; communication et écoute active ; ... ; capacité à apprendre de ses erreurs. 2. Gestion des activités : atteinte des objectifs (atteint ou dépasse dans le respect des délais) ; organisation du travail, ... (..., les priorités sont établies de façon appropriée) ; anticipation, réflexion long terme ; qualité du travail (..., recherche de l'amélioration continue) ; travail en équipe, coopération ; ... ; contrôle des coûts, gestion des ressources ; ... , orientation clients (tient compte en permanence de la satisfaction du client). 3. Gestion d'équipe : responsabilisation (donne à ses collaborateurs des objectifs précis et le degré de liberté dans l'action) ; leadership ; développement ; formation ; appréciation des performances et reconnaissance ; inspire la confiance et encourage l'esprit d'équipe.*

2 La compétence est présentée en fait comme une attitude de recherche, une quête à avoir, une marche vers..., s'agissant de faire « *preuve de flexibilité et de souplesse* », de « *créativité* », de capacité à « *partager nos connaissances, (...), agir à travers le travail d'équipe et la formation* », ou encore de « *donner le meilleur de soi, être responsable et personnellement engagé dans le processus d'amélioration continue et d'apprentissage* ». L'appel aux

les talents de ses collaborateurs et obtient leur implication par une adhésion de chacun d'eux aux « valeurs du cabinet » ; valeurs d'ailleurs placées sous le signe d'une différence revendiquée par rapport à d'autres grands cabinets de conseil. Les valeurs affichées sont :

> « *le respect des personnes et le plaisir à partager une vie professionnelle intense* », ou encore « *l'aventure qui nous réunit et qui nous fait grandir ensemble et nous dépasser quotidiennement* ».

L'évaluation de la performance mise en place par l'entreprise de micro-électronique n'est pas très différente, et cela bien qu'il s'agisse d'une entreprise d'ingénierie industrielle de très haute technicité, dans des domaines d'applications productives traversées par un rythme extrêmement rapide de renouvellement ou d'innovations. La performance est d'abord ramenée au « *technique* » et « *au business qu'il génère* ». Pourtant, au stade de l'évaluation, tout se passe comme si les compétences techniques étaient un socle tellement indispensable et décisif de la tenue des emplois, qu'il allait de soi qu'elles sont sous-jacentes ou intégrées à l'évaluation. Elles laissent alors explicitement la place aux autres critères axés sur les attitudes ou les comportements : l'appel est aux « *valeurs partagées* » [relevé au sein des entretiens], pour que les collaborateurs soient poussés à prendre sur eux de combler l'incomplétude de la prescription, en mobilisant tout ce qu'ils pourront se révéler être capables de développer. Cette immersion dans le système de gestion et d'évaluation de la performance permet d'isoler trois enseignements relatifs à la nature des règles

---

compétences va, dans certains cas, jusqu'à « proposer » un état d'esprit attendu des salariés – des consultants – : « *respect de personnes et plaisir à partager une vie professionnelle intense* ». C'est un « *consulting d'idées* », par opposition à un consulting d'outils ou solutions prédéterminées, qui est présenté par le cabinet comme sa « *vision* », dans l'une de ses dernières plaquettes. Le niveau corporate l'exprime ainsi : « *C'est l'association des cerveaux droit et gauche. Quand la rigueur rencontre la créativité, l'imaginaire inspire la réalité et l'intuitif guide le rationnel, vous êtes au cœur des véritables racines du conseil : l'indépendance d'esprit* ».

« comportementales » mises en jeu. Ces règles et valeurs constituent le nécessaire complément opératoire de la « convention d'engagement » (type 2) précédemment énoncée dans ses traits principaux.

1. D'abord, les règles « internes » de management sont posées, certaines sont discutées au niveau corporate, mais beaucoup sont imposées sans que le personnel ou ses représentants ne soient informés ou consultés. Des règles légales garanties par le droit et devant en principe ordonner la relation d'emploi (heures supplémentaires, recours aux contrats à durée limitée, repos, charge de travail ...) sont, de fait, ignorées parfois contournées. Les pratiques de l'évaluation montrent, très explicitement, qu'il s'agit « d'indicateurs tabous » dès lors que la question de la performance de l'entreprise est en jeu. En fait, ces normes sont à la fois recyclées et dépassées en vue d'installer un nouveau « monde ».

D'anciennes normes juridiques sont d'abord *recyclées* (Escande-Varniol et Paulin, 2004). Des procédures d'évitement des règles relatives au licenciement résultent, par exemple, directement de l'application du modèle de performance du travail centré sur l'adhésion à des valeurs. Globalement considérée, la logique de réquisition revient, au fond, à passer une sorte de contrat moral d'acceptation des risques entre l'entreprise et les salariés. Un manager de l'entreprise de la micro-électronique y voit, d'ailleurs, une forme de « *collectivisme d'entreprise* ». La claire conscience que les individus ont de leur activité, où l'adhésion aux valeurs et objectifs de l'entreprise, paraît en effet la condition nécessaire pour qu'ils puissent mobiliser leurs compétences et se représenter les performances requises ou visées. Leur implication produit le sens qu'ils peuvent mettre et trouver dans leur recherche d'efficacité au travail. Un manager fait ce constat, tenant compte du haut niveau de qualification des ingénieurs et cadres concernés :

> *« on n'est pas ici (c'est-à-dire notre entreprise) par hasard, on ne s'y donne pas à fond en pure victime « subissante ». Si on ne tient plus la pression, on s'en va, on dégage ».*

Pourquoi, donc, engager une procédure de licenciement dès lors que l'on s'en va de manière volontaire, dans le respect des valeurs mêmes de l'organisation ? Ensuite, de nouvelles valeurs, cette fois-ci plus proches de représentations sociales, visent à installer une « modalité de pensée » (Favereau, 1986) en vue d'installer un nouveau « monde salarial ».

Le lien de subordination place nécessairement le salarié cocontractant dans une situation spécifique et l'une des conséquences de l'état de subordination, parfois oubliée, est que le salarié n'est pas associé au risque entrepreneurial. Or, la prise en compte de la performance tend à entamer ce principe d'irresponsabilité économique du travailleur subordonné. Ceci concerne aussi bien le résultat direct du travail que les moyens, y compris personnels, développés pour y parvenir, ou encore la mise en sommeil de la relation de pouvoir (Baudry et Tinel, 2003) au bénéfice d'une relation égalitaire. Par la substitution d'une prescription subjective de la performance à la fixation d'objectifs, le salarié est « mis sous tension » et devient responsable à l'égard de son employeur, de son groupe de travail et de lui-même (son employabilité et sa carrière). Autrement dit, une « figure » du salarié impliqué et associé au risque entrepreneurial émerge. Face à la problématique de la subordination qui était de faciliter la prise de responsabilités par les salariés, une nouvelle problématique « d'extension de responsabilités et des risques » apparaît.

2. Ensuite, paradoxe apparent, le dispositif concret apparaît comme très *réglé*. Le dispositif se montre, en fait, comme très normé (au sens technique de modèle ou standard auquel il est préconisé de se conformer dans le cadre de la réalisation d'une opération déterminée) tout en débouchant sur une *culture de préconisation*. Ces « préconisations » sont extrêmement nombreuses, touchent à la plupart des facettes de la vie au travail et tentent de contribuer à une architecture d'un système d'évaluation et d'appréciation jugé, pour l'heure, laborieux et même parfois difficile à vivre par les principaux intéressés. Mais, le système est peu normatif, au sens d'énoncé impératif (c'est à dire obligatoire dans un système donné). Les préconisations (et non les *prescriptions) sont suggérées*[1]. Il

---

1 Les premières études menées en France à propos de l'influence des logiques de corporate governance sur la construction des règles du travail salarié montrent que cette influence est encore peu sensible et, de manière générale, peu détectable dans des canaux de diffusion

s'ensuit une dilution de l'autorité et une très forte demande de « procédures » pour travailler : une sorte de « *retour attendu de la prescription* » [souligné par nous MR]. La coordination par la mise en avant de « valeurs » (parfois très générales) montre ses limites quant à sa capacité à « cimenter » l'organisation par une harmonisation des comportements. Un évident besoin de clarté sur des règles, qui indiquent plus qu'elles ne suggèrent, se manifeste.

3. Enfin, l'évaluation de la performance montre en système concret de coordination des acteurs « *au milieu du gué* » [souligné par nous MR] : dans la plupart des cas, les systèmes d'évaluation ne permettent pas d'aboutir aux résultats escomptés, c'est-à-dire d'évaluer de manière satisfaisante et ce tant du point de vue des managés que de celui des managers. Le basculement vers une évaluation privilégiant les comportements au détriment des résultats reste inachevé car difficile et, en mal d'applications. Aussi, plusieurs systèmes plus ou moins formalisés co-existent sans parvenir, ni même chercher, à faire système ou, autrement dit règle, au sens de Shimanoff :

> *1. Entretien individuel annuel*, (avec un hiérarque) avec des éléments objectifs (mesurables) mais surtout subjectifs (plus difficilement mesurables malgré le déploiement de grilles d'analyses comportementales).
>
> *2. Entretien avec le coach* (complémentaires sur le plan individuel) qui « reprend » une partie des critères de l'évaluation individuelle "hors grille" et développe des analyses des positions professionnelles et attitudes du salarié sans que leur utilisation ne soit identifiée de manière très claire. Dans le champ de l'implicite et du conseil/sanction, ces pratiques d'évaluation sont donc à

---

précis. Par contre, le niveau corporate possède un véritable « pouvoir de suggestion » (terme avancé par le second texte) sur les équipes de management : sans jamais dire ce que l'on veut, on sait faire comprendre ce qui ne serait pas apprécié (Montagne S., Sauviat C. (2001) Les marchés financiers, nouveaux DRH des entreprise françaises ? *Revue Travail et Emploi*. Mottis N., Ponssard J.P. (2000) Création de valeur et politique de rémunération. Enjeux et pratiques *Annales des Mines, Gérer et Comprendre*, juin.)

la fois mises en cause quant à leur objet et quant aux procédures qui sont leurs supports.

3. Entretien de promotion interne qui décide d'éléments de rémunération en les connectant, plus ou moins systématiquement et explicitement, à l'évaluation individuelle.

L'application de ces systèmes ne parvient pas à établir une relation claire entre une forme de prescription du travail et un résultat qui serait sanctionné de manière stable et connue à l'avance : l'entretien annuel n'a pas lieu ou se transforme en entretien formel (sans véritable formulation d'une évaluation) ; les règles varient selon le manager en charge de l'évaluation (le managé peut par exemple avoir à rédiger lui-même son évaluation qui sera alors visée par son manager dans un simple processus de satisfaction à des outils managériaux) ; la personnalité des acteurs peut avoir une incidence considérable dans ce genre de système (conflit de personnalité entre manager et managé) et, enfin, le système de rémunération reste à la fois collectif et individuel (parfois rappelé au contrat de travail) mais, de manière générale, peu individualisé.

Cette évaluation est en définitive faiblement corrélée à la détermination de la rémunération qui procède plus d'une ventilation-répartition de primes dans une équipe (primes dites de « performance »), avec faible écart-type, que d'une rétribution des compétences relevées individuellement (Brizard, 2000)[1]. Cela confirme les résultats de l'étude d'ensemble de Colin et Grasser (2003)[2] à propos de la faible inflexion de la relation salariale par la logique compétence.

---

1 Brizard A. (2000) Les hausses de salaires sont moins fréquentes et plus individualisées, *Premières Synthèses*, N° 10.3, DARES.
2 ColinT. et Grasser B. (2003) « La gestion des compétences : un infléchissement limité de la relation salariale », *Revue Travail et Emploi*, N°93, La Documentation Française, Paris.

SYNTHESE ET PROLONGEMENTS

L'analyse économique de la performance du travail et de sa coordination développée par ce texte peut être synthétisée, sur un plan positif, par trois propositions.

1. La gestion du « flou », au sens d'un output toujours en redéfinition de par la relation de service et l'emprise du marché, induit une volatilité du métier et par suite des solutions de travail à déployer.
2. Des logiques empruntant au management par objectifs visent alors à déplacer la prescription du travail sur les résultats mais sans parvenir à combler l'incomplétude du dispositif.
3. Les compétences font dès lors l'objet d'une « réquisition » afin de gérer le travail et son efficacité pour l'entreprise. Parce qu'il s'agit en définitive de juger de résultats mais surtout de comportements, l'évaluation de la performance aboutit à un « *renversement de la charge de la preuve* » (selon l'expression de D. Cohen) concernant la mobilisation des individus. Le salarié se trouve dans l'obligation de prouver sa performance et donc les moyens consacrés. En définitive, c'est le « *sujet humain* » qui est incorporé par son travail (Arnaud et Lauriol, 2002)[1].

L'analyse des modes de coordination nécessaires à l'obtention de cette performance du travail laissent une

---

1 Arnaud G. et Lauriol J. (2002) « L'avènement du modèle de la compétence : quelles évolutions pour la GRH ? » *La Revue des Sciences de Gestion.* Direction et gestion des entreprises, N° 194, mars-avril.

première impression très paradoxale. Mode central et parfois exclusif de coordination, la compétence de l'individu se présente comme une obligation face à l'échec de l'organisation[1]. Les compétences vont être appelées à une mobilisation à travers des critères d'évaluation à la fois très nombreux et très détaillés « sur le papier » mais peu objectivés ou quantifiés. La personnalité ou la subjectivité des « collaborateurs » devient la ressource à mobiliser. *In fine*, c'est la mobilisation de soi qui est directement prescrite du fait d'une mise en échec de la prescriptibilité du travail. Du point de vue de l'organisation de la performance, la compétence n'est donc pas seulement un choix de gestion délibéré mais d'abord un secours face à une incomplétude de la prescription dans le management par objectifs.

Ce déplacement vers cette « réquisition » des compétences s'appuie sur l'établissement d'un jeu de conventions qui renouvellent très sensiblement les règles de la convention fordienne : l'examen des différentes facettes de la performance (organisation, gestion, évaluation) montre que les règles et les contrats sont très peu mobilisés – malgré des apparences de formes contractuelles. Ce sont différentes conventions – « convention de balisages » chapitre 1 ; « convention de comportements en groupe » chapitre 2 ; « convention d'engagement » chapitre 3 – qui, par leurs croisements, homogénéisent et coordonnent les décisions. Ces conventions ont toutefois recours à de puissantes représentations sociales ou valeurs qui leur servent de « modèle d'évaluation » et facilitent, en la guidant, l'adhésion des individus : manipulées par l'entreprise, ces valeurs sont censées aider à l'accomplissement d'une performance du travail. Cette analyse en termes de « conventions » peut-être qualifiée de « *néo-*

---

1 Il est plus courant d'y voir l'expression concrète de l'importance prise par l'autonomie et l'initiative comme variables-clés du « *modèle de compétence* », tel que l'analyse Ph. Zarifian. Pour cet auteur, la compétence se définit comme « *l'occupation experte de l'espace d'autonomie dévolu (reconnu) au salarié, espace d'indétermination, de non-prescription, que l'action de l'individu ou du groupe compétent doit remplir.* » Ou encore, comme « *l'expression de capacités individuelles singulières, au sein d'un ensemble collectif* ». ZARIFIAN Ph. (1999) Productivité, logique de service et mutations du travail, *Revue Française de Gestion*, n°126, novembre-décembre.

réaliste » au sens où elle poursuit une analyse concrète et explicative de la nature mais aussi du fonctionnement réel des institutions du travail [Amable et Palombarini (2005), pp 249 et suivantes]. Les questions de pouvoir, de hiérarchie, de cohérence, voire d'affrontements, ne sont donc pas gommées, *a priori*, comme dans l'axiomatique conventionnaliste de l'école française des conventions (Favereau, Bessy, Eymard-Duvernay, ...).

Sur un plan plus normatif, ce déplacement vers la réquisition pose donc une série de problèmes quant à la solidité de ces principes de coordination. Une cohérence de cette architecture conventionnelle de la performance du travail est, en fait, envisageable sous réserve d'apporter des réponses à deux niveaux de blocages (une approche régulationniste dirait de « réguler ») : la prise en compte effective de l'environnement économique par l'organisation (1) et l'encadrement du travail (2).

1. La montée de la logique de service dans les processus productifs fait irrémédiablement perdre au travail ses points de repères. Il devient difficile à celui qui travaille de savoir quand le travail est bien « fini ». L'effet de la combinatoire des objectifs de performance analysée plus haut ne tend pas à stabiliser des points de repère de l'activité : le travail « bien fait » devient incertain et sans limites. Les fréquentes confusions entre activité et compétences entretiennent cette absence de repères comme le montre M. Vigezzi (2003) : ce n'est pas parce qu'on énonce des performances ou résultats à atteindre, qu'on dit ce que sont les compétences. Comme le relèvent, par ailleurs, S. Bellier ou D. Boutillier[1], quand nombre de référentiels de compétences décrivent des « capacités de faire telles ou telles tâches listées », ils ne règlent en rien la question de savoir comment on a cette capacité (exemple : activité = superviser un groupe ; compétence = savoir superviser un groupe). Le défi organisationnel se formule donc simplement : chercher à formaliser la norme de travail à atteindre, c'est-à-dire ce que l'on attend nommément de l'activité de travail, au-delà de

1 Bellier S. (2002) Organisations, compétences, et GRH Communications au colloque « *Les nouveaux enjeux du management des compétences* », AGEF, Casablanca, janvier 2002.

valeurs à poursuivre. En filigrane, c'est le débat actuel sur la qualité de service et le professionnalisme qui est reposé sous l'angle de la mise en oeuvre : comment intégrer des critères de « *normalisation du travail* » (expression de P. Davezies) qui intègrent explicitement la satisfaction du client, le ressenti du salarié et les objectifs de performance ?

2. La contrainte organisationnelle en matière de performance porte sur l'installation d'une logique de dépassement d'objectifs de performance. En mal de définition jusqu'aux niveaux individuels du travail de chacun, les modes opératoires afférents à ces objectifs échappent désormais à un management qui préfère évoquer des systèmes (coaching, knowledge sharing) supposés mobiliser et contrôler le « travailleur collectif », c'est-à-dire les facteurs collectifs de la performance individuelle. Un chaînon manque pour aider la réalisation du travail de chacun.

En termes simples, ce sont donc les procédures d'encadrement du travail qui font défaut dans un univers où l'initiative est requise. Le problème principal qui se pose aux salariés dans leur travail est le suivant : que faire quand on ne vous dit pas comment faire ? (Et que vous devez montrer que vous savez faire ...). Le fait d'être autonome ne suffit pas à être compétent, même si un diplôme ou expérience sont des signaux encourageants. Parce que la compétence se joue dans l'action même de travail, l'initiative suppose de déployer des solutions de travail pour pouvoir répondre aux objectifs de performance. Les processus managériaux ci-dessus analysés exhortent, réquisitionnent mais n'abordent pas les ressorts de cette initiative créatrice. Comment peuvent-ils obtenir les conditions de cette initiative qui crée ; sans être capable de justifier un rôle d'organisation véritable de la performance ? Encadrer ne peut, durablement, se résumer à faciliter, par des jeux superficiels sur les motivations, des réponses d'individus mis dans un contexte de pression[1] ?

---

1 Les salariés parlent ainsi de la « *pression* » qu'ils vivent de par la forte autonomie qui leur est laissée, tels ces collaborateurs de l'entreprise de conseil arrivant à deux ans d'ancienneté : « *c'est plus stressant de ne pas se sentir suffisamment cadré que d'avoir un coup de cravache à se donner pour tenir une deadline dans le bouclage ou l'avancement d'une mission* ».

A défaut d'apporter des réponses organisationnelles en termes de règles concrètes, la réquisition des compétences en vue de la performance ne peut qu'être vécue comme difficile par des salariés qui perdent le « *pouvoir d'agir* » selon la notion développée par F. Daniellou[1]. L'individu a peur de ne pas « être à la hauteur » d'un monde d'exigences portées par des valeurs ou méta-règles avec trop peu de moyens pour y faire face et de procédures de définition de la performance qui lient les acteurs. L'intensification du travail, très souvent évoquée aujourd'hui, peut ainsi être analysée à travers cette équation exigences-moyens plus qu'en termes d'additions de tâches qui feraient quantitativement une « charge » trop lourde pour une enveloppe de temps donnée. Très vite, c'est donc l'enjeu de la santé posé par la gestion des compétences qui est soulevé par cette convocation de la subjectivité des salariés pour la poursuite d'objectifs d'efficacité en mal de définition.

Une approche plus harmonieuse de la performance du travail suppose de répondre par des règles d'encadrement et de gestion au plus près de l'acte de travail, quelles que soient ses caractéristiques. La performance qui dure ne peut se suffire d'un renvoi de la majeure partie de la coordination et de l'implication du travail à une culture d'entreprise, c'est-à-dire « *une vision générale de l'organisation et de ses objectifs en même temps que sa voie typique de se comporter* » (Cohendet et Diani, 2003). Si cette culture a d'indéniables effets constructifs d'un sens commun, seules des procédures hiérarchiques et directives peuvent coordonner les acteurs dans un univers fait de « tacite ». Loin des mondes éthérés d'une coordination naturelle, le rôle de « *l'encadrement de proximité* » reste, pour une partie des économistes industriels, décisif pour faire converger des comportements et assurer la coopération (Nonaka et Takeuchi, 1995)[2].

Cette approche plus harmonieuse suppose en particulier d'articuler les dimensions constitutives du nouveau contexte

---

1 Daniellou F. (1992) Le statut de la pratique et des connaissances dans l'intervention ergonomique de conception, *Thèse d'habilitation à diriger les recherches*, Université Toulouse le Mirail, juin.
2 Nonaka I. & Takeuchi H. (1995) *The knowledge-creating company: how the japanese companies create the dynamic of innovation*, Oxford University Press, New York, NY.

organisationnel et les attentes vis-à-vis du travail individuel : caractériser « la qualité d'un service » tout en définissant ce qu'est le « bon » travail d'un consultant, d'un ingénieur mais aussi d'un réceptionniste ou d'un croupier. La construction d'une authentique performance du travail ne peut, en effet, se satisfaire d'un système « en creux » où l'efficacité ne devient visible qu'au moment où sa défaillance la signale. Surtout si cette défaillance est celle de l'individu.

ANNEXE

METHODOLOGIE DES ENQUETES

Cette recherche développe une analyse approfondie de deux situations d'entreprise au début des années 2000 : un établissement d'une entreprise multinationale de la micro-électronique (établissement situé en Rhône-Alpes, effectifs supérieurs à 2000 personnes et composés à 70 % d'ingénieurs et cadres) ; une société de conseil en management de 350 personnes installée à Paris La Défense. Préalablement, d'autres situations d'entreprises ont été enquêtées en vue de préparer à cette analyse approfondie : une Caisse Primaire d'Assurance Maladie employant 500 salariés en province (demande conjointe de la Direction et du CHSCT) ; dans le cadre d'une recherche contractuelle réalisée en 2001 pour l'ANACT, des cas d'entreprises industrielles [un panel varié de 10 entreprises a été enquêté de manière exploratoire en 2000 et 2001].

Ce premier travail a permis le recensement général des questions liées à la performance du travail et le choix de l'enquête approfondie s'est imposé : l'investissement dans le détail des modalités de construction de la performance et de ses incidences sur la gestion du travail est, en effet, indispensable pour progresser dans une analyse « située » des transformations que connaissent le travail et ses règles d'encadrement.

Des principes et une méthode générale d'investigation (1), un guide d'entretien (2) et une cible [le travail très qualifié] ont été définis.

1. DES DEMARCHES D'INTERVENTION NEGOCIEES AVEC LES ENTREPRISES

Afin d'accéder aux points de vue des acteurs avec clarté, les deux entreprises enquêtées ont fait l'objet d'une démarche de présentation explicite du contexte (contractualisation Ministère de la Recherche – dit « Programme Gaudu ») et de la problématique de recherche énoncée ci-dessus. Des négociations entre la direction de l'entreprise (et/ou la Direction des Ressources Humaines) et l'équipe de chercheurs impliqués (économistes, juristes, psychologues) ont conduit à préciser les modalités d'intervention auprès des salariés (nombre de séquences de travail, qualité des interlocuteurs, méthodes, périodicité, ...) et les modalités de restitution des résultats de la recherche à l'entreprise. Les résultats des entretiens et les analyses ont, à l'issue de la recherche, été présentés à la direction de l'entreprise qui se réserve la possibilité d'en faire usage. L'entreprise a également connaissance du document de recherche rédigé dans le cadre de la démarche de contractualisation avec le Ministère de la Recherche.

La méthode d'intervention est construite en accord avec la direction des entreprises. Un ensemble de principes sont retenus : durée de l'intervention, périmètres de l'entreprise concernés, interlocuteur de référence... La méthodologie de l'enquête (hypothèses, questions, méthodes disciplinaires d'entretien, ...) est cependant développée à la seule initiative et sous la responsabilité de l'équipe de chercheurs.

Les modalités d'intervention retenues prévoient deux phases :

Phase 1/ Une première série d'entretiens semi-directifs avec les responsables en charge de l'organisation de la production et de la gestion des objectifs *(type 1)*. Pratiqués avec des salariés responsables ou des dirigeants, ces entretiens se déroulent en « face à face ». Ils visent à préciser la nature des objectifs de performance fixés, les éléments stratégiques qui encadrent l'activité, les principaux problèmes d'organisation. Cette première série d'entretiens permet de dresser un premier état des lieux du fonctionnement (niveau d'efficacité) et des grandes lignes de l'organisation de la production (structures), un relevé des « points sensibles » qu'il convient d'examiner en détail par la suite et une liste des interlocuteurs-clés à entendre.

Ces entretiens de type 1 permettent, en outre, de préciser et de constituer les différents groupes de salariés à entendre.

Phase 2/ Des entretiens semi-directifs avec des groupes de salariés (de 4 à 9) *(type 2)* réalisant les mêmes tâches ou fonctions dans la production. Ces entretiens sont placés sous le sceau de la confidentialité, c'est à dire qu'aucune des informations ou appréciations mentionnées par un interlocuteur ne sera utilisée ou reprise en lui étant nommément imputée. Le caractère collectif de l'entretien permet de confronter les points de vue (chacun produit sa propre analyse) sur la manière de réaliser les objectifs, de construire sa performance, de satisfaire aux prescriptions, de percevoir l'organisation et ses évolutions. Cela permet notamment de situer les principaux problèmes dans l'activité mais surtout la variété des attitudes et stratégies d'acteurs face à ces dimensions. Une attention particulière est portée à l'identification des représentations que les acteurs ont de leurs situations et de leurs actions. Il ne s'agit pas, à l'occasion de ce type d'entretiens, de produire un diagnostic d'experts (i.e., un jugement sur une situation à partir de ces traits essentiels) mais plutôt de dégager la (les) conception(s) que les acteurs ont des questions de la performance ; conceptions qui se « dégagent » de leurs confrontations encadrées par les enquêteurs.

En règle générale, dans chacune des entreprises, les entretiens se sont déroulés durant plusieurs semaines consécutives et représentent plus de 80 heures d'échanges avec les responsables de l'organisation et les salariés.

2. DES ENTRETIENS AVEC L'ENSEMBLE DES ACTEURS DE LA PERFORMANCE DU TRAVAIL

Les entretiens de type 1 et 2 se déroulent selon une orientation commune. Il s'agit de mettre en lumière l'ensemble des actions, outils et règles permettant d'expliquer la performance économique et ses moyens de mise en œuvre. En reprenant une formule déjà ancienne de A. Marshall, il s'agit de développer une « *méthode empirique, qui réunit, groupe et analyse les faits* » (*Principles of Political Economy*, 1906). Plus concrètement, deux thèmes sont questionnés.

* *Comment s'organise et se met concrètement en œuvre le travail pour atteindre des objectifs d'efficacité ?*

L'efficacité ne s'entend pas seulement comme un « en soi » mais également comme un processus de recherches d'efficacité. Il s'agit dès lors de repérer l'ensemble des actions, stratégies et méthodes de management visant à l'amélioration de la performance. Quels sont les méthodes, outils et indicateurs développés en matière de recherches d'efficacité ? Avec quels résultats ? Quelles sont les difficultés de fonctionnement de l'organisation du travail induites par ces recherches d'efficacité ?

* *Quels sont les problèmes relevés en termes d'organisation du travail ? Comment se manifestent-ils ?*

Cette démarche privilégie donc l'explication de la performance. Il s'agit de rendre intelligible la façon dont les performances sont requises des salariés au travail en vue de comprendre ce que deviennent l'action de travail et ses diverses composantes (physique, cognitive, psychique). La cible de l'interrogation peut dès lors être énoncée de la manière suivante : quelle est l'évaluation des performances dans l'organisation ?

Les entretiens de type 1 sont menés de manière semi-directive en reproduisant la démarche d'interrogation aux différents maillons de l'organisation du travail. En partant du « haut » de l'organisation de l'entreprise, chacun des « lieux » de mise en œuvre d'actions d'organisation impliquant la performance est questionné. Schématiquement et à priori, les « maillons » de cette chaîne sont l'actionnaire, le dirigeant responsable d'un site, le cadre supérieur en charge d'une division, le chef de groupe, etc. En fait, la démarche de validation de la démarche par l'entreprise a conduit à isoler « les maillons » les plus pertinents (éviter les entretiens faisant doublon ; choisir, parmi un groupe d'interlocuteurs potentiels, le dirigeant ayant le plus de facilités à exposer une méthode,...).

Cet enchaînement d'entretiens cherche à mettre en évidence les stratégies de recherches de performance, les modes d'organisation du travail mis en œuvre, leurs éventuelles difficultés de fonctionnement et les représentations que les acteurs ont de cette organisation et de l'efficacité. Elément important, il n'est en aucun cas recherché un diagnostic strict sur ces questions, au sens où des problèmes seraient identifiés, « en expert » qui porte un jugement sur une situation et des solutions immédiates qui pourraient en être déduites. Du point de vue de l'hypothèse de cette recherche, il n'y a pas de « vérité » sur l'organisation du travail et l'efficacité. Il s'agit plutôt de mettre en évidence un ensemble de représentations des acteurs, parfois très typées, qu'il s'agit de comprendre, de retranscrire, de confronter les unes aux autres et de discuter dans leurs incidences. In fine, cette confrontation permet de faire émerger une analyse en termes de règles ; « analyse par l'usage » selon l'expression de B. Reynaud (2004).

Ces entretiens de type 1 ont une utilité en matière de connaissance « réelle » de l'entreprise et de ses évolutions, c'est-à-dire de procédures concrètes encadrant ou supportant le fonctionnement de l'organisation. Ils investissent en fait trois domaines de questions :

* La nature de l'activité : contraintes d'activité et contraintes de travail

- Mettre en évidence les contraintes d'activité de l'entreprise (contexte stratégique, structure et organisation, culture). Il convient de repérer la manière dont les contraintes de marché déterminent les modes d'organisation de la production. Ce travail d'identification a conduit à la mise en évidence des contraintes de travail (comment sont organisés les systèmes de mise au travail, l'organisation du travail, son management, son contrôle... ?). De manière générale, il s'agit de « suivre le fil » allant des contraintes d'activité de l'entreprise aux contraintes encadrant le travail dans l'entreprise [ce qui permet de se placer au niveau d'une organisation industrielle au sens de Marshall et repris par Ménard (1997, p. 14)].

* Les indicateurs de la performance

- Identifier les différents indicateurs servant à mesurer ou simplement approcher la performance (quelles variables mises en jeu ? quels chiffrages ? quelles parts relatives au quantitatif et au qualitatif ? quel degré d'explicitation des mesures ? quels niveaux de discussion et/ou d'information sur ces mesures ? quelles sont les mesures ex-ante et ex-post ?...).
- Situer ces indicateurs, mesures ou appréciations de la performance sur le plan des procédures mises en œuvre (comment se passe cette élaboration ? quelle est son histoire ? quels conflits induits et coopérations nécessaires ? quelle importance relative dans la vie de l'entreprise ? quelles appréciations par les acteurs ?...).

* L'évaluation de la performance

- Repérer les différents acteurs qui participent à l'évaluation de la performance économique (qui sont-ils ? combien sont-ils ? à quel niveau ou place dans l'entreprise ? comment sont-ils reliés entre eux ? quand interviennent-ils ? selon quelles procédures ?...).
- Identifier les principales répercussions et interrelations entre les évolutions de la performance globale de l'organisation productive (par exemple, plus de CA, plus de productivité, plus de réactivité, amélioration de la nature du service rendu) et les effets sur les différents acteurs, modes d'organisation de la production et du travail, structures de l'entreprise et modes de calculs partiels (dans un service, un atelier, un site) de la performance. Très schématiquement, il s'agit de lire les effets d'une recherche d'efficacité globale sur les différents maillons et acteurs de l'entreprise, d'une part, et sur les modes de mise au travail, d'autre part.

Les entretiens de type 2 sont également conduits dans l'optique de renseigner ces différents thèmes mais en les « reprenant » au niveau d'une fonction de l'entreprise. Ces entretiens collectifs sont menés avec un ensemble de personnes jugées caractéristiques d'une situation dans l'acte de travail, c'est à dire permettant de représenter la diversité d'une catégorie de personnels réalisant une fonction de production de l'entreprise. Dans une entreprise de consulting, il s'agit par exemple, de réunir une équipe caractéristique d'un groupe (le « pôle » qui traite les dossiers du secteur de la banque par exemple) en prenant soin de prévoir des salariés jeunes et des plus anciens dans l'entreprise, des salariés en position de chef de file et en position de collaborateurs, des salariés responsables du groupe et d'autres sans fonctions particulières, des salariés traitant des « petits » dossiers et d'autres plus spécialisés sur des « clients lourds », des salariés plus fréquemment en province que d'autres. Il ne s'agit pas de rechercher une forme de représentation optimale ou complète des situations des salariés réalisant une fonction (chaque type serait selon une certaine quotité représenté dans le groupe) mais simplement de permettre l'expression mais également la confrontation des principales sensibilités de points de vue sur une situation de travail donnée (le consultant senior du pôle X ou Y par exemple).

Ces entretiens sont conduits en procédant par questions de relance et demandes d'explicitation à partir des trois domaines de questions présentés ci-dessus. En prenant soin de distinguer les faits (des chiffres par exemple), le déclaratif (la présentation des faits produite par le groupe d'interlocuteurs), il s'agit de mettre en évidence :

* la manière d'organiser la production et de rechercher la performance à leur échelle, c'est à dire les modalités qu'un encadrement leur impose et qu'ils imposent, parfois, à des collaborateurs. La discussion des pièces de gestion utilisées est ici primordiale (par exemple, discussions collectives sur la manière de renseigner les feuilles de temps alloués, de comprendre leur utilité, de juger de leur rôle dans la relation à l'encadrement direct...) ;

* les différents systèmes de représentation que ces « groupes d'acteurs » de l'entreprise ont de la production, de son organisation, de la performance économique, des attentes que l'on a de leur implication. L'approche privilégie ici l'identification des différentes analyses des liens performance-travail en caractérisant leurs cohérences : le chef de ligne n'a pas la même perception des questions de performance et de travail que l'opérateur de production. Le repérage de différentes représentations reste particulièrement important.

3. DES ACTIVITÉS « POST-INDUSTRIELLES » ET DES « CIBLES » SPÉCIFIQUES EN MATIÈRE DE TRAVAIL : LE TRAVAIL TRÈS QUALIFIÉ

De manière générale, les entreprises retenues pour une « *observation approfondie* », selon l'expression de Simon, ont fait l'objet de choix visant à situer précisément l'investigation, et en particulier à en limiter le champ. Ces choix ont été opérés selon deux critères.

Premier critère, il a semblé opportun de développer une analyse de la performance du travail qui ne cherche pas, d'emblée, à « embrasser » l'évolution du travail dans son ensemble ou à réaliser une synthèse relative à la transformation du travail (des travaux très complets et méthodologiquement éprouvés développent déjà ce travail – DARES). Il s'est plutôt agi d'investir – compte tenu du nombre relativement faible de travaux sur ce champ – des activités de production moins marquées par les caractéristiques de la production industrialisée de la période fordiste. En fait, le champ des activités de production réclamant une large part de travail parfois dit « créatif », nécessitant des dimensions « servicielles » très marquées, réclamant des niveaux de formation initiale et de qualification élevés et un exercice relativement autonome de l'acte de travail.

Cet exercice relativement autonome est manifeste dans le cas du « salarié à forte autonomie » qui, comme l'explique B. GAZIER[1] est un *« artisan du savoir, détenteur d'une connaissance importante qui lui donne une certaine assise sur le marché du travail. Son parcours est souvent atypique par rapport à un salariat stable, il présente une capacité à s'adapter rapidement aux exigences qu'imposent les objectifs qui leur sont fixés dans leur contrat ».*

En définitive, ce type de travail est caractéristique de la société postindustrielle en construction, ce que Veltz (2001) désigne sous le terme de « *nouveau monde industriel* ». Ceci explique le choix des activités de conseil d'une part, et de recherche-développement dans l'industrie de la microélectronique, d'autre part.

1 Gazier B. (2003) *Tous « Sublimes » Vers un nouveau plein-emploi*, Flammarion Essais, Paris.

Ce travail est défini, par nous, comme « le travail très qualifié » : c'est-à-dire exercé de manière relativement autonome et/ou impliquant des qualifications élevées et/ou contribuant à la réalisation d'une production relativement sophistiquée.

Second critère, il a semblé utile de cerner des champs précis d'examen de ce « type » de travail. Dans le cas de l'entreprise de conseil, le travail de consultant a été choisi comme cible principale [ce qui n'évacue en aucun cas les rapports aux fonctions dites « supports » (informatique, communication, ..) ou à la sphère des actionnaires également impliqués dans la logique des entretiens approfondis]. Dans le cas de la recherche-développement, le travail des ingénieurs responsables de projets (c'est-à-dire d'équipes engagées dans des processus d'innovation) et donc bénéficiant des systèmes de rémunérations liés aux performances ont été choisis comme cible principale.

BIBLIOGRAPHIE

ALCHIAN A., DEMSETZ H. (1972) « Production, information costs, and economic organisation », *American Economic Review*, December.

AMABLE B., PALOMBARINI S. (2005) *L'économie politique n'est pas une science morale*, Coll. Cours et Travaux, Ed. Raisons d'agir.

ANDREANI T., GAUDEAUX J.F., NAUD D. (1996) *L'entreprise : lieu de nouveaux contrats ?*, L'Harmattan, Paris.

AOKI M. (1984) *The co-operative game theory of the firm*, Oxford University Press.

AOKI M. (1988) *Information, Incentives and bargaining in the Japanese economy*, Cambridge University Press, Cambridge.

ARENA R. (1990) « La dynamique industrielle, tradition et renouveau », *Revue d'Economie Industrielle*, N° 53.

ASKENAZY P. (2001) « Le développement des pratiques « flexibles » du travail » dans Cohen D. et Debonneuil M. (rap) *Nouvelle Economie*, Conseil d'Analyse Economique, La Documentation Française.

BALASSA B. (1986) "Prices, incentives and economic Growth" in Balassa (ed) *Economic incentives*, St Martin Press, New York.

BARTOLI M., ROCCA M. (2002) « Gestion par objectifs et réquisition de compétences : vers de nouvelles sources d'intensification du travail ? » dans Askenazy P., Cartron D., Conninck de F. et Gollac M. (dir) *Organisation, intensité du travail et qualité du travail*, Ed. Octares, (paru en 2004).

BARTOLI M., DAVEZIES Ph., ROCCA M. (2001) « Recherches d'efficacité et charge de travail », Programme « *Charge de travail* », ANACT, mai.

BASLE M., RENAULT M. (éds) (2004).*L'économie fondée sur la connaissance : questions au projet européen*, Economica, Paris.

BATIFOULIER P. (dir) (2001) *Théorie des conventions*, Coll. Forum, Economica.

BAUDRY B. (1998) « Le contrôle dans la relation d'emploi : approches économiques et organisationnelles de la dualité contrôle-autonomie », *Economie Appliquée*, Tome LI, N° 3.

BAUDRY B. (1995) *L'économie des relations interentreprises*, Coll. Repères, La Découverte.

BAUDRY B., TINEL B. (2003) « Une analyse théorique des fondements et du fonctionnement de la relation d'autorité intrafirme », *Revue Economique*, Vol. 54, N° 2.
BERET P., DUPRAY A. (1998) « La formation professionnelle continue : de l'accumulation des compétences à la validation de la performance », *Revue Formation-Emploi*, N° 63.
BERLE A.A., MEANS G.C. (1932) *The modern corporation and private property*, New York, Macmillan.
BESSY C. et alii, (2002) « *Stratégies contractuelles et gestion de la relation de travail. Pré-enquête sur la constitution d'une base de données de contrats de travail* », Ministère de la Recherche (www.cee-recherche.fr).
BESSY C. (2003) *Conventions et institutions de travail,* Rapport de recherche, CEE, Paris.
BOLTANSKI L., CHIAPELLO E. (1999) *Le nouvel esprit du capitalisme*, Gallimard, Paris.
BOLTANSKI L., THEVENOT L. (1991) *De la justification : les économies de la grandeur*, Gallimard, Paris.
BOUABDALLAH K. (1992) « Travail, cohérence intersectorielle et compétitivité structurelle » dans Jacot et Troussier (ed) *Travail, compétitivité, performance,* Economica.
BOWLES S., GINTIS H. (2000) « Social capital and community governance », *Working Paper*, Department of Economics, University of Massachusetts.
BOYER R., ORLEAN A. (1991) « Les transformations des conventions salariales entre théorie et histoire », *Revue Economique*, N° 2, mars.
BROUSSEAU E. (2001) "Régulation de l'Internet: l'autorégulation nécessite-t-elle un cadre institutionnel?" *Revue Economique*, Vol. 52, octobre.
BURAWOY M. (1979) *Manufacturing consent : changes in the labor process under monopoly capitalism*, University of Chicago Press.
CALLON M., LATOUR B. (1990) *La science telle qu'elle se fait*, La Découverte, Paris.
CALLON M. et alii (1999) *Réseau et coordination*, Economica, Paris.
CHASERANT C. (2002) « La coopération se réduit-elle a un contrat ? Une approche procédurale des relations contractuelles », *Recherches Economiques de Louvain*, N° 68 (4).

CLARK K.B., WHEELWRIGHT S.C. (1992) “Organizing and leading heavyweight development teams”, *California Management Review*, Spring.
CLOT Y. (2002) « Psychologie et travail : des incidences mutuelles », dans Bartoli M., Clot Y., Davezies Ph., Escande-Varniol M.C., Paulin J.F., Rocca M., Triomphe C.E. (2002) « *Travail et performance : quelle maîtrise d'un travail mis sous tension ?,* Programme « Transformation du travail, performance économique et statut de l'emploi » [dir. F. Gaudu] Ministère de la Recherche, novembre.
COHENDET P., LLERENA P. (1999) « La conception de la firme comme processeur de connaissances », *Revue d'Economie Industrielle*, Vol. 88, 2ème trimestre.
COHENDET R., DIANI M. (2003) « L'organisation comme une communauté de communautés », *Revue d'Economie Politique*, 113 (5), septembre-octobre.
CONNINCK de F. (1991) « Evolutions post-tayloriennes et nouveaux clivages sociaux », *Revue Travail et Emploi,* Mars.
COUTROT T. (1995) « Gestion de l'emploi et organisation du travail dans les entreprises innovantes », *Travail et Emploi*, N° 64.
COWAN R., DAVID P., FORAY D. (2000) « The economics of knowledge codification and tacitness » *Industrial and Corporate Change*, Vol. 6, N° 3.
DARES (1999) *L'organisation du travail : entre contrainte et initiative. Résultats de l'enquête Conditions de Travail de 1998*, Premières Synthèses N°32-1.
DAVEZIES Ph. (2005) « Le harcèlement moral résulte d'un conflit de normes », *Entreprises et Carrières*, n° 759.
DOERINGER P., PIORE M. (1971) *Internal Labor markets and manpower analysis*, Lexington, mas, Heath.
DOSI G., TEECE D.J., WINTER S.G. (1990) « Les frontières de l »entreprise », *Revue d'Economie Industrielle*, 1er trimestre.
EICHER J.C. (1990). « La théorie du capital humain : de la domination à la contestation puis à l'élargissement » in Greffe X., Mairesse J., et Reiffers J.-L. (dir.) *Encyclopédie économique,* Paris, Economica.
EDWARDS R. (1986) « From Contested Terrain », dans *The Economic nature of the firm, a reader*, L. Putterman (ed), Cambridge University Press.
ELSENHARDT K. (1989) “Agency theory: an assessment and review”, *The Academy of Management Review*, Vol. 14, N° 1.

ESCANDE-VARNIOL M.C., PAULIN J.F. (2004) « La performance du salarié confronté au droit du travail », *Revue Travail et Emploi,* N° 98, Avril
EYMARD-DUVERNAY F. et MARCHAL E. (1994) « Les règles en action entre une organisation et ses usagers », *Revue Française de Sociologie*, XXXV.
FAVEREAU O. (1986) « La formalisation du rôle des conventions dans l'allocation des ressources » dans Salais et Thévenot (dir) *Le travail, marché, règles, conventions*, Insee-Economica, Paris.
FAVEREAU O. (1994) « Règle, organisation et apprentissage collectif » dans Orléan A. (dir) *Analyse économique des conventions*, PUF, Coll. Economie, Paris.
FAVEREAU O. (1995) « Apprentissage collectif et coordination par les règles : application à la théorie des salaires » dans Lazaric et J.M. (dir) *Coordination économique et apprentissage des firmes*, Economica, Paris.
FORAY D. (2000) *L'économie de la connaissance*, La Découverte, Paris.
FORAY D. et Mairesse J. (dir), (1999) *Innovations et Performances Approches Interdisciplinaires* Ed. EHESS.
GARROUSTE P. (dir) (1997) *Les Frontières de la Firme,* Economica.
GAZIER B. (1992) « Travail et production : l'apport des théories de l'organisation » dans Jacot et Troussier (dir) *Travail, compétitivité, performance,* Economica.
GOLLAC M. (1996) « Le capital est dans le réseau. La coopération dans l'usage de l'informatique », *Revue Travail et Emploi*, N° 3/96.
GOLLAC M., KRAMARZ F. (2000) « L'informatique comme pratique et comme croyance », *Actes de la Recherche en Sciences Sociales*, N° 134.
GOMEZ P.Y. (1996) « Normalisation et gestion de la firme : une approche conventionnaliste », *Revue d'Economie Industrielle*, N° 75, 1er trimestre.
GORGEU M., MATHIEU R. (1990) « Partenaire ou sous-traitant », *Centre d'Etudes et de l'Emploi*, Dossier de Recherches.
GRENARD A. (1996) « Normalisation, certification : quelques éléments de définition», *Revue d'Economie Industrielle*, N° 75, 1er trimestre.

HAKANSSON H., JOHANSON J. (1993) "The network as a governance structure: inter-firm cooperation beyond market and hierarchies", in Grabher (ed) *The emboded firm*, Routledge, London and New York.
HATCHUEL A. (1994) « Frederick Taylor, une lecture épistémologique » dans Bouilloud et Lecuyer (dir), *L'invention de la gestion*, L'Harmattan, Paris.
HATCHUEL A. (2004) « Repenser la gestion Un point de vue historique sur les firmes comme innovations institutionnelles », *La Lettre de la Régulation*, n°47, janvier.
HATCHUEL A. et WEIL B. (1992) *L'expert et le système,* Economica, Paris.
IRIBARNE D' Ph. (1986) « Régulation sociale, vie des entreprises et performances économiques », *Revue Economique*, N° 3, Mai.
JACOT J.H. et TROUSSIER J.F. (dir) (1992) *Travail, compétitivité, performance,* Economica.
JENSEN M. et MECKLING W. (1976) « Theory of the firm : managerial behavior, agency costs, and ownership structures", *The Journal of Financial Economics*, Vol. 3.
JODELET D. (1984) "Représentations sociales : phénomènes, concept et théorie", dans Moscovici (dir) *Psychologie Sociale*, PUF, Paris, Chapitre 13.
KREPS D. (1990) "Corporate culture and economic theory", dans Alt et Shep (eds) *Perspectives on positive political economy*, Cambridge University Press, New York.
LALLEMENT M. et LEFEVRE-FARCY J.F. (1994) « Les formes d'organisation du travail et l'entreprise » dans *Travail et Emploi, Le temps des métamorphoses*, Lallement (dir), L'Harmattan, Paris.
LAVE J., Wenger E.C. (1991) *Situated learning : legitimate peripheral participation*, New York Cambridge University Press, N.Y.
LERNER J., TIROLE J. (2001) « The open source movement : key research questions », *European Economic Review Papers and Proceedings*, Vol. 35.
LEVY-GARBOUA L., JAROUSSE J.P. (1988) *L'investissement humain : théorie et mesure*, CPE, Etudes, N° 106, Paris.
LEWIS D. K. (1969) *Convention: a philosophical study*, Harvard University Press, Cambridge.

LINDENBERG S. (1998) "Solidarity and relational signalling: their workings and importance of contracting", *Working Paper*, ICS, Groningen.
LINHART D. (1994) *La modernisation des entreprises*, Coll. Repères, La Découverte.
MAHIEU C. (1994) « Les nouvelles formes d'organisation du travail : les enjeux des expériences actuelles », *Economies et Sociétés*, Série Sciences de gestion.
MENARD C. (1997) *L'économie des organisations*, Coll. Repères, La Découverte.
MIDLER C. (1996) « Logique de la mode managériale », *Annales des Mines*, série « Gérer et Comprendre », juin.
MILES R. (1980) *Macro-organizational behaviour*, Glenwiew, Scott Foresman and Co.
MILGROM P., Roberts J. (1992) « Economic theories of the firm : past, present and future », *Canadian Journal of Economics*, Vol. 21.
MINTZBERG H. (1982) *Structure et dynamique des organisations*, Editions d'Organisation, Paris.
MONCHATRE S. (2002) « Les avatars du modèle de la compétence. L'exemple d'un site de la sidérurgie », *Revue Formation et Emploi*, N° 77, janvier-mars.
MORIN M.L. (2001) *Régulation et procéduralisation : à propos de la question des compétences*, Note pour le séminaire sur « la Théorie de la Régulation ».
MOUTTET A. (1992) *La rationalisation industrielle en France, 1900-1936*, Thèse de doctorat, EHESS, Paris.
NELSON R.R., WINTER S.G. (1982) *An evolutionary theory of technical change*, Belknap Harvard University Press.
NEWELL A., SIMON H.A. (1972) *Human Problem Solving* Englewood Cliffs, Prentice-Hall.
ORLEAN A. (dir) (1994) *Analyse économique des conventions*, Presses Universitaires de France.
OUCHI W. et MAGUIRE M. (1975) « Organizational control : two fonctions » *Administrative Science Quaterly*, Vol. 20.
PESQUEUX Y. et TRIBOULOIS B. (2005) *La dérive organisationnelle. Peut-on encore conduire le changement ?*, L'Harmattan.
PONSSARD J.P. et TANGUY H. (1989) « Un cadre conceptuel commun à la planification et à la concurrence », *Actualité Economique*, Vol. 65, N° 1, Mars.

RALLET A., WALKOWIAK E. (2004) « Technologies de l'information et de la communication. Organisation du travail et évolution des qualifications », *Sciences de la Société*, N° 63.
REYNAUD B. (1992*) Le salaire, la règle et le marché*, Ed. C. Bourgois, Paris
REYNAUD B. (2003) *Operating Rules in Organisations*, London, New York, Palgrave.
REYNAUD B. (2004) *Les règles économiques et leurs usages,* Odile Jacob, Paris.
REYNAUD J.D. (1988) « Les régulations dans les organisations : régulation de contrôle et régulation autonome », *Revue Française de Sociologie*, Vol. XXIX.
REYNAUD J.D. (1989) *Les règles du jeu*, Armand Colin, Paris.
ROBBINS S.P. (1990) *Organization theory*, Englewood Cliffs, N.J., Prentice Hall.
ROBEY D. (1986) *Designing Organizations*, R.D. Irwin.
ROCCA M. (2002) « Travail et performance : quelle maîtrise d'un travail mis sous tension ? », Programme « *Transformation du travail, performance économique et statut de l'emploi »* [dir. F. Gaudu] Ministère de la Recherche, novembre (en coll. avec Bartoli M., Clot Y., Davezies Ph, Escande-Varniol M.C., Paulin J.F. et Triomphe C.E.).
SALAIS R. (1986) « Les formes de la négociation » dans Salais R. et Thévenot L. (dir) *Le travail, marché, règle, conventions*, Insee-Economica, Paris.
SALAIS R. (1989) « L'analyse économique des conventions du travail », *Revue Economique*, N° 40.
SALAIS R., STORPER M. (1993*) Les mondes de production. Enquête sur l'identité économique de la France*, Ed. de l'EHESS.
SCHEIN E. (1985) *Organizational culture and leadership*, Jossey Bass.
SEARLE J. (1995) *The Construction of Social Reality*, Cambridge University Press.
SERVERIN E. (2000) « Agir selon les règles dans la sociologie de Max Weber » dans Serverin et Berthoud (dir) *La production des normes entre Etat et société civile*, L'Harmattan, Paris.
SHIMANOFF J.B. (1980) Communication rules: theory and research, *Sage Library of Social Research*, Vol. 97, Sage Publications, London.

SIMON H. (1951) « A formal theory of the employment relationship », *Econometrica*, 19 (3).
SIMON H., MARCH J. (1979) *Les organisations*, Dunod, Paris.
STANKIEWICZ F. (2002) « Productivité ou « valorité » du salarié. Contributions au débat sur le travail », *Revue Travail et Emploi*, N° 91, juillet.
TRICE H.M., BEYER J.M. (1984) Studying organizational culture through rites and ceremonials, *Academy of Management Review*, (9).
TROUSSIER J.F. (1990) « Evolution des collectifs de travail et qualification collective », dans *Les analyses du travail, enjeux et formes*, Collections des Etudes, N° 54, CEREQ, Paris.
VELTZ Ph. (2000) *Le nouveau monde industriel,* Gallimard, Coll. Le débat, Paris.
VELTZ Ph. (2001) « La nouvelle révolution industrielle », *Revue du MAUSS*, N° 18.
VOISIN C. et alii (2000) *La Coopération industrielle,* Economica, Paris.
WENGER E. (1998) "Communities of practice: learning as a social system", *Systems Thinker*, June.
WILLIAMSON O. (1985) *The economic institutions of capitalism*, Free Press, New York
WILLIAMSON O. (1993) "The evolving science of organisation", *Journal of Institutional and Theoretical Economics*, Vol. 149, N° 1.
ZARIFIAN Ph. (1995) *Le travail et l'évènement*, L'Harmattan, Paris.
ZARIFIAN Ph. (1999) Productivité, logique de service et mutations du travail, *Revue Française de Gestion*, n°126, novembre-décembre.

TABLE DES MATIERES

INTRODUCTION 7

CHAPITRE I : LA CONCEPTION DE LA PERFORMANCE : UNE CONSTRUCTION INACHEVÉE 25

Les acceptions « nouvelles » de la performance : des règles de productivité, des balisages et des repères tacites 33

Le contexte organisationnel de la performance : les problématiques de la gestion du flou 55

CHAPITRE II : LE MANAGEMENT DE LA PERFORMANCE : LA MISE EN GROUPE POUR GÉRER COLLECTIVEMENT LE TRAVAIL 65

De nouvelles doctrines de gestion de la performance 67

La gestion collective de la performance : le « groupe-agrégat » pour travailler, coordonner et construire l'organisation 71

CHAPITRE III : L'ÉVALUATION DE LA PERFORMANCE : L'ENGAGEMENT AU TRAVAIL COMME PREUVE 95

La mesure quantitative de la performance individuelle : les apports formalisés des modèles top-down et prégnant 97

L'approche de la performance par les comportements : la recherche des indices d'engagement des individus 109

SYNTHÈSE ET PROLONGEMENTS 123

ANNEXE 129

BIBLOGRAPHIE 139

Marché et Organisations
Cahiers d'Economie et de Gestion de la Côte d'Opale
(MOCEGCO)

L'Harmattan

Cahiers d'économie et de gestion thématiques dont le but est de promouvoir la recherche originale sur les relations de plus en plus étroites qui se tissent entre le marché et les organisations. Les acteurs économiques de taille, de puissance et de pouvoir différents dont les intérêts peuvent être convergents, complémentaires ou, le plus souvent, antagoniques, ont tendance à organiser les marchés. La raison du marché, pourtant, est la référence stratégique pour l'entreprise ainsi que pour les institutions publiques de décision économique.

Direction : Sophie Boutillier (économie), Gérard Dokou (gestion), Blandine Laperche (économie), Dimitri Uzunidis (économie, directeur de publication), Eric Vernier (gestion)

Numéros parus :

N°1 : Artisanat. La modernité réinventée, 2006

N°2 : La petite entreprise, elle a tout d'une grande. De l'accompagnement aux choix stratégiques, 2006

N°3 : Tourisme et Innovation. La force créative des loisirs, 2007

N°4 : Le travail. Formes récentes et nouvelles questions, 2007

N°5 : Les universités et l'innovation. L'enseignement et la recherche dans l'économie des connaissances, 2007

N°6 : Entrepreneuriat et accompagnement. Outils, actions et paradigmes nouveaux, 2008

N°7 : Développement durable des territoires. Economie sociale, environnement et innovations, 2008

N°8 : Développement durable et responsabilité sociale des acteurs, 2009

N°9 : Gouvernance : exercices de pouvoir, 2009

http://riifr.univ-littoral.fr/?page_id=40
contact : Dimitri Uzunidis, uzunidis@univ-littoral.fr

Collection « L'esprit économique »

fondée par Sophie Boutillier et Dimitri Uzunidis en 1996
dirigée par Sophie Boutillier, Blandine Laperche, Dimitri Uzunidis

Dernières parutions

► ***Série Economie et Innovation***

S. AÏT-EL-HADJ, O. BRETTE (éd.), *Innovation, management des processus et création de valeur*, 2006.
N. RICHEZ-BATTESTI, P. GIANFALDONI, *Les Banques coopératives en France. Le défi de la performance et de la solidarité*, 2006.
C. MERLIN, *Les services publics en mutation. La Poste innove*, 2006.
L. DOLIQUE, *Risques globaux et développement durable. Fausses pistes et vraies solutions*, 2007.
C. ROCHET, *L'innovation, une affaire d'Etat. Gagnants et perdants de la troisième révolution industrielle*, 2007.
T. POUPARD, *Service attitude. Pour que les commerçants prennent du plaisir dans la vente et les clients dans l'achat*, 2007.
S. BOUTILLIER, D. UZUNIDIS (dir.), *La gouvernance de l'innovation. Marché et Organisations*, 2007.
C. GALLOUJ, *Les agences privées de l'emploi. Conseil, intérim et outplacement*, 2007.
D. LANGLET., *L'industrie dans la tourmente de la finance,* 2008.
C. FAURIE., *Conduire le changement. Transformer les organisations sans bouleverser les hommes*, 2008

► ***Série Le Monde en Questions***

H. KRIFA-SCHNEIDER (éd.), *L'Élargissement de l'Union Européenne. Quels enjeux et défis majeurs ?*, 2007.
P. BAUCHET, *Régulation et mondialisation. Le modèle américain revu par l'Europe*, 2007.
J. MACHROUH, *Justice et développement selon l'Organisation Mondiale du Commerce*, 2008.
S. MADAULE, *L'aide publique au développement. L'abécédaire de la réforme*, 2008.
D. K. NGUYEN, *Libéralisation financière et marchés émergents*, 2008.
M. RICHEVAUX, D. C. TOP, *La protection des droits des travailleurs dans l'Union Européenne*, 2008.

► ***Série Krisis***

J.-L. PEAUCELLE, *Adam Smith et la division du travail. La naissance d'une idée fausse*, 2007.
A. FUSCO, *La pauvreté, un concept multidimensionnel*, 2007.
V. ROUX, *Le mirage de l'Etat providence. Recherches sur les lacunes des théories interventionnistes du partage des richesses dans une économie de propriété privée*, 2007.
P. D. GROSJEAN, *L'engagement pour les travailleurs. De l'aporie du salariat vers l'investariat*, 2007.
D. SAINT-GEORGES, *Le libéralisme est une chose morale*, 2008.
J.-L. CRAVERO, *Développement et prospérité des nations. Pour un nouveau paradigme en économie*, 2008.
GAUCHER R., *Bonheur et économie. Le capitalisme est-il soluble dans la recherche du bonheur ?*, 2009

► **Série *Clichés***

L. ROJAS, *Histoire de révolution technologique. De l'exploitation artisanale à la grande industrie houillère de la Loire*, 2008.
S. BOUTILLIER, D. UZUNIDIS (dir.), *La Russie européenne. Du passé composé au futur antérieur*, 2008.
R. VOLPI, *La négociation. Pain, paix, liberté*, 2009

► ***Série Cours Principaux***

S. CHARLES, *Macroéconomie hétérodoxe. De Kaldor à Minsky*, 2006.
M. RICHEVAUX, D. TOP, *Les grands principes du droit communautaire de travail*, 2007.
C. FAURIE, *Méthodologies de conduite du changement en entreprise*, 2007.
B. TONGLET, *Histoire économique (500-2007). Critique de la méthode*, 2007.
J. RIBOUD, *La monnaie réelle*, 2008.
E. KERMARREC, *Problèmes économiques contemporains. Grands thèmes*, 2008.

L'HARMATTAN, ITALIA
Via Degli Artisti 15 ; 10124 Torino

L'HARMATTAN HONGRIE
Könyvesbolt ; Kossuth L. u. 14-16
1053 Budapest

L'HARMATTAN BURKINA FASO
Rue 15.167 Route du Pô Patte d'oie
12 BP 226
Ouagadougou 12
(00226) 76 59 79 86

ESPACE L'HARMATTAN KINSHASA
Faculté des Sciences Sociales,
Politiques et Administratives
BP243, KIN XI ; Université de Kinshasa

L'HARMATTAN GUINÉE
Almamya Rue KA 028
En face du restaurant le cèdre
OKB agency BP 3470 Conakry
(00224) 60 20 85 08
harmattanguinee@yahoo.fr

L'HARMATTAN CÔTE D'IVOIRE
M. Etien N'dah Ahmon
Résidence Karl / cité des arts
Abidjan-Cocody 03 BP 1588 Abidjan 03
(00225) 05 77 87 31

L'HARMATTAN MAURITANIE
Espace El Kettab du livre francophone
N° 472 avenue Palais des Congrès
BP 316 Nouakchott
(00222) 63 25 980

L'HARMATTAN CAMEROUN
Immeuble Olympia face à la Camair
BP 11486 Yaoundé
(237) 458.67.00/976.61.66
harmattancam@yahoo.fr

643579 - Mars 2016
Achevé d'imprimer par
1livre.com
du rêve à la réalité !

16524575R00090

Printed in Great Britain
by Amazon